List Taschenbücher der Wissenschaft
Literatur als Geschichte: Dokument und Forschung

Thomas Hollweck, Thomas Mann
und 1467

THOMAS HOLLWECK

Thomas Mann

LIST VERLAG

Originalausgabe

ISBN 3 471 61467 2

© 1975 Paul List Verlag KG, München. Alle Rechte vorbehalten.
Printed in Germany, Schrift: Garamond-Antiqua
Satz und Druck: Presse-Druck Augsburg
Bindearbeit: Klotz, Augsburg

Zu diesem Band:

Thomas Hollwecks Beitrag erfüllt seine Funktion in erster
Linie als Arbeitsbuch für die literaturwissenschaftliche Beschäftigung mit Thomas Mann, jedoch ohne die historischen
und geistesgeschichtlichen Verflechtungen von Manns Leben
und Werk zu vernachlässigen. Der Hauptakzent des Forschungsberichts liegt auf der Emigration und Nachkriegszeit
mit ihren Polemiken. Hollwecks Konzeption unterschlägt
nicht das dialektische Verhältnis von Literatur und Politik
bei Thomas Mann. Schon deshalb wird dieser Band als Grund-
lage für jede Diskussion über Thomas Mann unentbehrlich
sein.

INHALT

Einleitung

»Ist es schon soweit, gibt es die von manchen seit Jahren gewünschte Thomas-Mann-Renaissance?«[1] So fragte vor nicht allzu langer Zeit *Marcel Reich-Ranicki* in seiner Rezension des eben erschienenen Briefwechsels zwischen *Thomas Mann* und seinem Verleger *Gottfried Bermann Fischer*.[2] Der Kritiker las die Zeichen der Zeit, erinnerte an *Benjamin Brittens* neue Oper *Death in Venice*, an *Viscontis* Verfilmung des *Tod in Venedig* und noch an den einen oder anderen Vorgang, der auf den Beginn einer solchen Renaissance hinzuweisen schien.

Oft sind es ja Gedenkjahre, von denen der Impuls zur Neubeschäftigung mit dem Werk eines Künstlers ausgeht, und der 100. Geburtstag *Thomas Manns* könnte hier einen derartigen Impuls geben. Doch sogleich ist zu fragen, ob *Thomas Mann* überhaupt einer Renaissance bedarf. Ist er, der schon zu Lebzeiten höchsten Ruhm erwarb und bereits zu den Klassikern des Jahrhunderts gezählt wurde, mittlerweile in Vergessenheit geraten? Sicher nicht. Doch die Wirkung oder gar ›Publicity‹ eines Autors bemißt sich in einer Zeit, in der alles, auch die Kunst, zum ›Medium‹ geworden ist, nicht nach dem Eindruck, den er auf andere Künstler oder einige Leser macht, sondern nach seiner allgemeinen Publikumsresonanz. Und in dieser Hinsicht steht *Thomas Mann* nicht nur hinter *Solschenizyn* und *Böll* zurück, sondern sogar hinter seinem Altersgenossen *Hermann Hesse*. Aus diesem Grund wohl wünschen einige ihm wohlgesinnte Kritiker – insgeheim oder öffentlich – eine Thomas-Mann-Renaissance herbei, sie erhoffen für ihn erneuerte Aktualität. Aber wie stand es denn überhaupt um *Manns* Aktualität in seiner eigenen Zeit und in den Jahren nach seinem Tod?

Der vorliegende Band stellt die Frage nach der Position *Manns* in seiner Zeit und analysiert die Thomas-Mann-Kritik und -Forschung unter dem Gesichtspunkt des sich wandelnden Selbstverständnisses der Literaturwissenschaft. *Thomas Mann* selbst hat in dem Vortrag *Meine Zeit* (1950) Rechenschaft über sein Verhältnis zu seiner Zeit abgelegt: »Meine Zeit –«, sagte er damals, »ich habe nie ihren Liebediener und Schmeichler gemacht, weder im Künstlerischen noch im Politisch-Moralischen; indem ich sie ausdrückte, war ich ihr meistens entgegen, und wenn ich Stellungen bezog, geschah es regelmäßig im unvorteilhaftesten Augenblick.«[3]

Das Problem des Autors in seiner Zeit wurde für *Thomas Mann,* ihm selbst zuerst zum Widerwillen, zum Grundsatzproblem. Betrachtet man nämlich die Zeit als das bewegte Abbild der Ewigkeit – und *Mann* hat dieses platonische Bild bejaht –, dann wird das, was in der Zeit geschieht, bedeutsam und fordert nicht nur zur Stellungnahme, sondern auch zur Selbstreflexion heraus. Denn die Erfahrung der Zeit, als Anfang und Ende, Wiederholung und Dauer, setzt die Erfahrung von Teilnahme an der ›Welt‹ voraus, und indem der Mensch sein eigenes Leben in diesen Zeitdimensionen erfährt, weiß er von den Erfahrungen der anderen Menschen. Gesellschaft und Person werden in ihrem Verhältnis zueinander durch die Spannung zwischen den Erfahrungspolen ›Zeit‹ und ›Nicht-Zeit‹ bedingt.

Damit ist bereits etwas von dem gesagt, was bei der Gestaltung dieses Bandes über *Thomas Mann* und seine Kritiker, Zeitgenossen und Nachgeborene, eine Rolle gespielt hat. Auf der einen Seite steht der Künstler *Thomas Mann,* auf der anderen Seite stehen seine Leser und Zuhörer, die unter bestimmten Umständen seine Kritiker und Interpreten werden. Aber sie *stehen* eben nicht, sondern sie *bewegen* sich, und der Bewegungsablauf ist kein einheitlicher, sondern einer, der sich in den Modi des Gegensatzes von Verstehen und Mißverstehen ausdrückt, solange der Autor selbst noch an der Bewegung teilnimmt. Wenn jedoch der Tod den Autor aus der Zeit herausnimmt, dann bewegen sich nur noch seine Leser, und es ist nicht mehr *seine* Zeit sondern *ihre* Zeit, auch dann, wenn es plötzlich neues intensives Interesse für den Autor gibt, jene ›Renaissance‹ des eingangs zitierten Satzes. Wie *Thomas Mann* wohl über eine solche Renaissance gedacht hätte, läßt sich recht gut erkennen. Das Zitat aus *Meine Zeit* ist nämlich nicht etwa als Kokettieren des 75jährigen mit einer geschichtlichen Außenseiterstellung zu verstehen, sondern ist ironisch genau formulierte Absage an all das, was sich unter dem Mantel der Zeit als bloß zeitgemäßes, den wechselnden Moden des ›Traditionalismus‹ und der ›Modernität‹ unterworfenes ›gesellschaftliches Bewußtsein‹ zu erkennen gibt. Wer die Zeit in seinen Erzählungen und Romanen »ausdrückt«, muß genügend kritische Distanz zu ihr besitzen, um sie nicht nur widerzuspiegeln; wer in der Zeit politisch Stellung bezieht, sieht sich andererseits nicht als Dichter des ›Ewigen‹, der wie Gott über den Wassern der Zeit zu schweben vorgibt. Daß *Thomas Manns* Stellungnahmen zu seiner Zeit »regelmäßig im unvorteilhaftesten Augenblick« erfolgten, ist daher keineswegs ein historischer Zufall, sondern die logische Konsequenz einer gesellschaftlichen Situation, in der Stellungnahme von vornherein als Sich-Festlegen auf eine ideologische Position gedeutet wurde. Dabei ist es dann dem Stellungnehmenden weder gestattet, eine von den herrschenden geistigen Ordnungsvorstellungen sich unterscheidende Position einzunehmen, noch ist es ihm erlaubt, seine Position auf Grund von Erfahrungen zu verändern.

Dieses Dilemma des in Gesellschaft und Geschichte existierenden Schriftstellers hat *Thomas Mann* in seinem erzählerischen und essayistischen Werk so dargestellt, daß die Zeit sowohl als Gegenstand als auch als Medium der Erfahrung zum Symbol für Teilhabe an der Realität wird. Dabei werden von *Mann* Haltungen gegenüber Zeit und Geschichte – wie Traditionsbewußtsein, progressivistische Zukunftsgläubigkeit, archaisierender Vergangenheitssinn und schließlich auftrumpfende Gegenwartsbezogenheit – als Phänomene seiner Zeit analysiert und bilden so den Kern einer erzählerischen Konzeption von Ordnung und Unordnung in der Realität.

Man sollte also den Begriffen ›Aktualität‹, ›Nachruhm‹, ›Renaissance‹ etwas mehr Skepsis entgegenbringen, als dies etwa in *Peter de Mendelssohns* eben veröffentlichtem Aufsatz *Der Schriftsteller als politischer Bürger*[4] geschieht, in dem der Verfasser darauf hinweist, daß für *Thomas Mann* jene »gefährlichen zwanzig Jahre« herum seien, in denen die Entscheidung über den Nachruhm falle.[5] Die Sorge *Manns,* daß die Mitwelt seinen Nachruhm »schreibend und redend aufgezehrt« habe, sei unbestätigt geblieben, meint *de Mendelssohn* und fährt fort: »Ja, die Straße seiner Gegenwärtigkeit ist seit seinem Tod womöglich noch breiter geworden und verbreitert sich noch immer.«[6] Im folgenden verweist der Kritiker auf die drei Gesamtausgaben, die seit *Manns* Tod erschienen sind, auf den Strom der Übersetzungen und auf die Tatsache, daß es von *Mann* kein einziges vergriffenes Buch gebe, »dessen Neuauflage nicht lohnte«[7]. »Es gibt von ihm keine Ladenhüter«[8], bemerkt *de Mendelssohn* hocherfreut.

Man kann *Peter de Mendelssohn* in alle dem nur recht geben. Die Tatsachen untermauern sein Urteil; die Literatur, die allein in *Manns* Jubiläumsjahr zu erscheinen sich anschickt und zu der auch der vorliegende Band zu zählen ist, sollte die letzten Zweifel ausräumen helfen: *Thomas Manns* Nachruhm ist gesichert! Die zurückhaltende Skepsis, mit der dieser Nachruhm hier betrachtet wird, erhält also beinahe den Anschein von Mißgunst. Doch findet diese Skepsis ihren Grund darin, daß es weniger die Quantität als die Qualität der Thomas-Mann-Rezeption ist, mit der sich unser Band beschäftigt. Was damit gemeint ist, hat *Theodor W. Adorno* glänzend formuliert: »Die wahre Entfaltung seines (Manns, d. Verf.) Werkes wird erst anfangen, sobald man sich um das kümmert, was nicht im Baedeker steht. Nicht daß ich wähnte, verhindern zu können, daß unermüdlich weiter Dissertationen über den Einfluß von Schopenhauer und Nietzsche, über die Rolle der Musik, oder über das den Fakultäten unterbreitet werden, was man wohl im Seminar als Problem des Todes behandelt. Aber ich möchte wohl einiges Unbehagen an all dem erregen. Besser dreimal das Gedichtete sich anschauen als immer mal wieder das Symbolisierte.«[9]

Adornos Kritik an der Vergegenständlichung der konkreten Ordnung des Kunstwerks, an dem Auseinanderziehen von Symbol und Symbolisiertem, dem Zimmern literaturwissenschaftlicher Themen, die dann ein für allemal erledigt werden können, trifft den Kern der Sache. Die Summe Tausender von literaturwissenschaftlichen Arbeiten stellt in der Tat einen Baedeker dar, aus dem sich der an *Thomas Mann* und seinem Werk interessierte Leser jede erdenkliche Information holen kann. Ein bis in alle Einzelheiten ausgeführter ›Thomas-Mann-Atlas‹ ist so entstanden, in dem es keine weißen Flecken mehr gibt. Lohnt es sich für den Kenner eines solchen geographischen Wunderwerkes also noch, die Reise ins ›Verheißungsvoll-Ungeheure‹ anzutreten, mit anderen Worten, *Thomas Mann* zu lesen?

Natürlich ist Literaturwissenschaft zum großen Teil Baedekerarbeit, und der Relevanz dieser Arbeit wird in unseren Besprechungen der Thomas-Mann-Kritik und -Forschung durchaus Rechnung getragen – soweit sie eben ›relevant‹ ist. Aber es wird zugleich auch gefragt, worum es bei dem geht, »was nicht im Baedeker steht«, und was der Leser *Thomas Manns* hiervon lernen kann. Das zentrale Untersuchungskriterium muß die Erzählung gewordene Erfahrung *Thomas Manns* sein, wobei unter ›Erfahrung‹ eben nicht einfach Tatsachenerfahrung verstanden werden darf, sondern der komplexe Prozeß, in dem der Schriftsteller zu einer geistigen Durchordnung der Realität gelangt, einer Ordnung, die ihn selbst und sein Werk mit einschließt. Wenn *Adorno* im Anschluß an seine Warnung schreibt: »Dazu soll der Hinweis helfen, wie sehr der Dichter abwich von dem Selbstporträt, das seine Prosa suggeriert«[10], so berührt er damit den Doppelcharakter der Erfahrung als eines geistigen Ordnungsentwurfs und eines biographischen ›In-der-Welt-Seins‹. War der Dichter aber wirklich ein so ganz anderer als das Selbst, das uns aus seinen Schriften entgegentritt? Hat er nicht gerade zu viel über sich geschrieben, als daß er sich erfolgreich hätte hinter seinen Schriften verbergen können? Es scheint bei genauerem Hinsehen dann auch so, als ob er sich nicht verborgen habe, eben weil das Autobiographische als *direkte* Selbstaussage ihm stets suspekt war. Er zog es vor, sich selbst in anderen darzustellen, am liebsten in den Großen *Goethe, Nietzsche* und *Wagner* oder auch in mehreren seiner Romanfiguren zugleich. Man braucht kein Literaturkritiker zu sein, um dies zu sehen und um zu verstehen, daß da ein Erzähler geschickt von seinem Talent Gebrauch macht, statt seines biographischen Ichs andere Personen darzustellen, nicht um sich selbst zu verstecken, sondern weil er eingesehen hat, daß man sich in der obsessiven Ich-Aussage weder selbst erkennt noch sich anderen zu erkennen gibt. »Wie aber kann ich mein ganzes Selbst preisgeben, ohne zugleich die Welt preiszugeben, die meine Vorstellung ist?« schreibt er in *Bilse und ich*[11]. Da spricht nicht nur der Schopenhauerianer, wie noch *Hans Mayer* denkt[12], sondern bereits der Autor des *Doktor Faustus,* der weiß, daß auch die größten Anstrengungen den Künstler nicht von der schuldhaften Teilhabe an Ereignissen der äußeren Welt zu befreien vermögen, sondern ihn nur noch tiefer in sie verstricken.

Zu diesen Überlegungen geben die Kommentare des ersten Teiles einige Hinweise. Da sie erst nach der kritischen Auseinandersetzung mit der Thomas-Mann-Literatur entstanden sind, bilden sie in nuce polemisches Korrektiv dessen, was dem Verfasser in vielen der kritischen Untersuchungen zu fehlen scheint. Dabei steht eine Frage im Mittelpunkt: Ist das, was *Thomas Mann* über Künstler und Kunst, über eigene Werke, über Politik und Geschichte geschrieben hat, als interessante ›Meinung‹ eines Zeitgenossen zu verstehen, als Abhandlungen zu Themen, die uns hauptsächlich deswegen interessieren, weil viele davon Teil unserer eigenen ›unbewältigten‹ Vergangenheit sind, oder weil sie gar ästhetische oder philosophische ›Allgemeingültigkeit‹ besitzen? Die Antwort, welche die kommentierten Texte geben, ist negativ. Da ist nichts von jener apodiktischen Allgemeingültigkeit, mit der die spekulative Philosophie des deutschen Idealismus einen Herrschaftsanspruch über das Reich des Geistes stellt, als Herrschaft im Bereich der Gesellschaft noch nicht zu erlangen war. Da sind vielmehr die ständig wiederholten und nie endgültig beantworteten Fragen: Woher komme ich? und: Wie kam das? *Thomas Mann* trachtete nicht danach, seiner Zeit ›geistig voraus‹ zu sein und sich dann höhnisch über ihr langsames Aufholen zu mokieren. Vielmehr war er derjenige, der ›nachzog‹, als die Ich-besessene Spekulation der deutschen ›Revolution des Geistes‹ die Gesellschaft in eine permanente Krise gebracht hatte. Sein ›Nachziehen‹ bestand aber nicht in der Selbstidentifizierung mit dem Geist der Spekulation, sondern in der analytischen Suche nach den Wurzeln der Entfremdung, die der Anlaß für die Krise von Bewußtsein und Gesellschaft war.

Obwohl im ersten Teil eine Aufteilung von *Manns* Werk in bestimmte Themenbereiche vorgenommen wird, sollte man dies nicht mißverstehen und etwa annehmen, daß damit die Absicht verfolgt würde, *Mann* auf konkrete Aussagen zu Realitätsbereichen festzulegen, die dem Verfasser als von vornherein gegeben erscheinen und zu denen er im Nachhinein den Dichter um ein weise legitimierendes Wort ersucht. Vielmehr bilden die Bereiche ›Größe und Vergangenheit‹, ›Künstler und Kunst‹, ›Geschichte und Politik‹ symbolische Schnittpunkte von *Thomas Manns* Teilhabe an der Wirklichkeit, und man wird vergeblich nach Positionsmeldungen suchen, mit denen der Dichter sich dem auf greifbare ›Wahrheiten‹ versessenen Meinungsbefrager stellt. Wenn *Mann* z. B. immer wieder auf die großen Meister des 19. Jahrhunderts zurückkam, so ging es ihm dabei nicht um

Weltanschauungen, technische Aspekte und Ähnlichkeiten der Person, es handelte sich auch nicht um ein schlichtes Sich-Hingezogen-Fühlen, sondern um Klärung des eigenen Denkens. *Manns* große Essays über die *Meister* sind eigentlich Erzählungen. In ihnen wird nicht argumentierend die Wahrheit eines Künstlers dargeboten, sondern bohrend nach dem Ursprung einer Erfahrung gesucht, die sich *Thomas Mann* unmittelbar als *Sympathie* beim Lesen oder Anhören eines Kunstwerkes aktualisierte.

Diese Denkweise formt *Manns* Essays und Reden, und es ist ihre erzählerische Dimension, die seine Gedanken interessant macht, selbst dann noch, wenn die ›Aussage‹ sich durchaus im Rahmen des Konventionellen zu halten scheint. Erzählung als Beobachtung und Analyse ist *Manns* Haltung zur Wirklichkeit. Daß er daneben auch polemisch zu attackieren und Angriffe zu parieren wußte, ist nur natürliches Produkt einer Analyse, die auch einen Unterschied zu machen lehrte zwischen einer Zeit des Erzählens und einer Zeit des Handelns.

Der handelnde *Thomas Mann*, der in Wort und Tat mit Situationen fertig zu werden verstand, die Entscheidungen statt analytischen Verstehens erforderten, hat sich mehr Feinde gemacht als der ›Dichter und Denker‹. Die Nationalsozialisten, die ihm seine analytische Denkweise als undichterisch vorwarfen, taten dies nicht zuletzt, weil sie wußten, daß der scharfe, aktive Gegner *Thomas Mann* ohne den Analytiker undenkbar war.

Der Leser, der *Thomas Manns* erzählende und essayistische Werke aufmerksam liest und dem dabei die häufigen Wiederholungen und Selbstzitate *Manns* auffallen, hat damit bereits das Prinzip erkannt, nach dem *Manns* Wirklichkeitsanalyse verfährt. Nicht die Neuheit und Originalität des Einfalls sind hier wichtig, sondern das stete Eindringen in Grunderfahrungen und ihre Zusammenhänge. Die Erfahrung des Zerfalls des Bürgertums hatte zur Isolierung des Künstlers von der Wirklichkeit der Gesellschaft geführt, die Epochenwende von 1914 führte den Künstler zum erstenmal dazu, sich über seine Stellung zur gesellschaftlichen Wirklichkeit klarzuwerden. Die ideologische Kampfsituation der Weimarer Republik, aus der Kommunismus und Nationalsozialismus als stärkste Gruppen hervorgingen, zwang den Künstler dann dazu, einen Unterschied zwischen Denken und Handeln zu machen. Das Hinwegfegen aller pluralistischen Meinungsgruppierungen durch den Nationalsozialismus brachte ihn zum Entschluß des Exils. Derartige Erfahrungen formen jedoch ein Leben nur dann, wenn sie bewußt gemacht werden. Diese Bewußtmachung ist der rote Faden, der sich durch *Manns* Werk zieht. – Dem Bild, das die Kommentare des ersten Teils von *Thomas Manns* Werk zeichnen, steht das Bild der Thomas-Mann-Kritik gegenüber, das im zweiten Teil entworfen wird. Die Anlage dieses Teils erfolgte unter dem Gesichtspunkt, daß es auf Grund des Umfangs der Thomas-Mann-Literatur in erster Linie darauf ankommt, dem Nicht-Spezialisten einen Überblick zu vermitteln.

Das erste Kapitel des zweiten Teils zeigt die Lage der Thomas-Mann-Literatur im Spiegel bereits vorangegangener Forschungsberichte und stellt die Frage nach dem Selbstverständnis der wissenschaftlichen Thomas-Mann-Forschung, deren technisches Niveau im übrigen vorbildlich ist.

Im zweiten Kapitel wird der gegenwärtige Stand der Thomas-Mann-Forschung referiert, da es sich bei dieser Forschung um ein für die kritische Analyse wesentliches Gebiet handelt. Die Quellenlage ist durch den Verlust des Hauptteils von *Manns* Bibliothek und seiner Manuskripte im Jahr 1933 lange Zeit sehr unbefriedigend gewesen, besonders was das frühe Werk angeht. Doch inzwischen ist durch die Arbeit der Thomas-Mann-Archive und -Gesellschaften eine ausgezeichnete Arbeitsbasis für den Kritiker geschaffen worden. Editionen von Briefwechseln, Dokumentationen, kritische Quellenanalysen von frühen Werken *Manns* werden ergänzt durch sorgfältig gearbeitete Bibliographien der Werke und der Sekundärliteratur.

Das dritte Kapitel berichtet über die Rezeption *Manns* zu Lebzeiten, und zwar wieder unter dem Aspekt des Themas ›Thomas Mann und seine Zeit‹, das den gesamten Band beherrscht. Es werden hier einerseits die Meinungen von Kritikern *Thomas Manns* vorgestellt, die in ihm einen weltanschaulichen Gegner vermuteten oder erkannten, andererseits aber auch die Stimmen derer, die in ihm einen Dichter sahen, dessen magischer Zauberkraft es gelingen könnte, die Wirklichkeit durch das rechte Wort zum Besseren zu verändern. Trotz der Mißverständnisse, die auf beiden Seiten vorlagen, zeigen jedoch die Reaktionen der Zeitgenossen *Manns*, daß dieser Autor mit seiner Selbst- und Zeitanalyse den Nerv vieler Kritiker getroffen hatte, denn er zwang sie offenbar, die von ihm aufgeworfenen Probleme als eigene zu erkennen. Manches von diesem Sich-Wiedererkennen der polemischen Kritik vermißt man in den germanistischen Arbeiten zu *Manns* Werk, denen das vierte Kapitel gewidmet ist. Viele der literaturgeschichtlichen Gesamtdarstellungen wie der Einzeluntersuchungen zu *Manns* Ironie, seiner Ästhetik und seinem Stil huldigen einem Begriff von wissenschaftlicher Objektivität, der dem Werk *Manns* nicht immer gerecht wird. Es kommt dabei entweder zuviel oder zuwenig heraus. Die Gefahr des Überinterpretierens bestimmter Aspekte von *Manns* Werk, wie z. B. der Ironie, ist stets präsent, auf der anderen Seite werden zentrale Symbole wie ›Traum‹, ›Anfang‹, ›innere Welt‹ nur gelegentlich gestreift.

Wer mehr von der gesellschaftlich orientierten Kritik von *Manns* Werk erhofft, sieht sich oft ebenfalls enttäuscht. Marxistische Kritiker haben zwar einiges über das Geschichtsverständnis *Manns* gesagt, haben auch sein Verhältnis zur deutschen Öffentlichkeit oft klarer gesehen als Nicht-Marxisten, aber sie suchen bei ihm stets nur die Bestätigung bereits vorhandener Erkenntnisse. Im übrigen leidet die Kritik an *Mann* als politischem Schriftsteller daran, daß man so tut, als fände sich das Politische nur in seinem essayistischen Werk. Daß der Roman in Deutschland seit Jean Paul das Korrektiv zur

Ich-Besessenheit der spekulativen Systeme der Philosophie gewesen ist und selbst theoretischen Anspruch besitzt, wird nur von wenigen Literatur- und Sozialwissenschaftlern bei ihren Untersuchungen des *Mann*schen Werkes erkannt.

Die zuvor geäußerten Zweifel an einer Thomas-Mann-Renaissance erscheinen daher berechtigt. Zwar hat *Mann* sowohl in Deutschland als auch im Ausland ein breites Lesepublikum, das an dem Gestaltenreichtum seiner Erzählungen und Romane nach wie vor Gefallen findet. Aber inwieweit dieses Gefallen zum Verständnis der von *Mann* dargestellten Problematik von Person, Gesellschaft und Geschichte führt, bleibt dahingestellt. Im Bereich der literaturwissenschaftlichen Beschäftigung mit seinem Werk jedenfalls herrscht die Tendenz vor, *Manns* Werk entweder zum zeitgeschichtlichen ›Dokument‹ herabzuwürdigen oder es an die begriffliche Beziehungslosigkeit ihres Erfahrungsgehaltes entleerter ›Themen‹ zu binden.

Vielleicht sollte man *Manns* ›wissenschaftlichen‹ Kritikern raten, sich etwas mehr von ihm unterhalten zu lassen. Seine Renaissance könnte dann beginnen, wenn auch Literaturwissenschaftler seine Bücher so lesen wie jene Münchner Frau, von der *Mann* in einem Vortrag über *Joseph und seine Brüder* erzählte:

»Ich weiß noch, wie es mich erheiterte und wie sehr ich es als Kompliment empfand, als meine Münchner Abschreiberin, eine einfache Frau, mir das Maschinen-Manuskript des ersten Romans (der Joseph-Tetralogie, d. Verf.), ›Die Geschichten Jaakobs‹, ablieferte mit den Worten: »Nun weiß man doch, wie sich das alles in Wirklichkeit zugetragen hat!« Das war rührend; denn es hat sich ja gar nicht zugetragen. Die Genauigkeit, die Realisation sind Täuschung, ein Spiel, ein Kunstschein, eine mit allen Mitteln der Sprache, der Psychologie, der Darstellung und dazu noch der kommentierenden Untersuchung erzwungene Verwirklichung und Vergegenwärtigung, deren Seele, bei allem menschlichen Ernst, der Humor ist.«[13]

ERSTER TEIL: KOMMENTARE

Der Zweck der in der Reihe ›Literatur als Geschichte‹ erscheinenden Bände ist es, in Probleme einzuführen, die sich bei der kritischen Betrachtung von Literatur in ihrem historischen Kontext stellen. Dazu werden normalerweise in zwei gesonderten Teilen zuerst relevante Texte der Autoren vorgestellt, die thematisch so angeordnet sind, daß sie die kritischen Stellungnahmen der Autoren zu Problemen der Kunst, der Gesellschaft, der Geschichte und besonders des eigenen Werkes und Lebens im historischen Prozeß belegen. Im zweiten Teil soll ein Forschungsbericht die kritische Rezeption der Autoren vorstellen, ebenfalls unter dem Gesichtspunkt ihrer historischen Relevanz als Selbstinterpretation der an Literatur interessierten Öffentlichkeit.

Diese Gestaltung war ursprünglich auch für den vorliegenden Band vorgesehen; eine Auswahl von Texten aus Thomas Manns *Werk sollte seine Aussagen zu den Themenkreisen ›Tradition‹, ›Kunst und Künstler‹, ›Selbstauslegung‹ sowie ›Gesellschaft und Geschichte‹ in größerem Zusammenhang präsentieren.*

Der Abdruck dieser Texte aus Thomas Manns *veröffentlichtem Werk wurde leider von* Prof. Dr. Michael Mann, *der die Familie* Mann *als Rechtsnachfolgerin* Thomas Manns *bei Entscheidungen über Lizenzvergaben vertritt, verweigert. Herr Professor* Mann, *dem das gesamte Manuskript dieses Bandes vorgelegen hatte, äußerte grundsätzliche Bedenken gegen die Konzeption des Bandes. Er würde, ›selbst in des Verfassers relativ so erfreulichem Fall‹, ›gegen sein Gewissen handeln‹, wollte er dessen ›Text-Kürzungen‹ gutheißen. Professor* Mann, *der selbst vor einigen Jahren in seinem* Thomas-Mann-Buch *eine Auswahl von* Thomas Manns *Aussagen zu bestimmten Themen gegeben hatte, sieht darin heute eine ›barbarische Textmetzelei‹ und ist der Auffassung, daß man durch eine Textauswahl das Werk* Thomas Manns *nicht kennenlernen könne. Diese Meinung teilt der Verfasser nicht. Er ist vielmehr der Ansicht, daß eine nach analytischen Gesichtspunkten ausgewählte Anthologie dem Leser den Zu-*

gang zu Thomas Manns *umfangreichem Werk wesentlich erleichtern kann. Daher hat er anstelle der ursprünglich vorgesehenen Text-Auswahl vier Kommentare gestellt, welche die nach Ansicht des Verfassers wesentlichen Erfahrungsgrundlagen des Mannschen Werkes und deren dichterische Verarbeitung in theoretischem Zusammenhang sichtbar machen. Der Leser wird zudem auf die den Kommentaren zugrunde liegenden Texte verwiesen, deren analytische Exaktheit grundlegende Probleme des Menschen in Gesellschaft und Geschichte in vielfach neuem Licht erscheinen läßt.*

Natürlich kann keine Auswahl die Lektüre von Manns *Werken in ihrem weit ausgreifenden Beziehungsreichtum ersetzen. Sollte der vorliegende Band den Leser zu ernsthafter Neubeschäftigung mit diesen Werken anregen, wäre sein Zweck erreicht.*

1. Die großen Väter

In dem Vortrag *Goethe und die Demokratie* (1949) spricht *Thomas Mann* über die Wahl seiner geistigen Väter. »Die Nachfolge Goethe's«, sagt er da, »das Bekenntnis zu ihm, bedeutet also denn doch wohl nicht deutsches Provinzlertum – und überhaupt darf ich sagen, daß, wenn ich viel über Deutsches und wenig über Fremdes geschrieben habe, ich doch im Deutschen immer die Welt, immer Europa gesucht habe und unbefriedigt war, wenn ich es nicht fand.«[1] ›Nachfolge‹ und ›Bekenntnis‹ – so heißen die beiden Begriffe, die *Thomas Mann* häufig benützt, wenn gemeinhin wohl von der ›Tradition‹ gesprochen wird. Daß sein Bekenntnis in der Hauptsache Deutschen gilt, *Schopenhauer*, *Nietzsche*, *Wagner* und *Goethe*, rechtfertigt *Mann* im Hinblick auf die seit seiner Jugend recht zweifelhaft gewordene Stellung des Deutschtums in der Welt damit, daß er in seinen Vorbildern immer die Welt gesucht und auch gefunden habe.

> Es war das Europäische auf deutsch, was ich in ihnen fand, ein europäisches Deutschland, welches immer das Ziel meiner Wünsche und Bedürfnisse bildete –, sehr im Gegensatz zu dem »deutschen Europa«, dieser Schreckensinspiration des deutschen Nationalismus, die mir von je ein Grauen war, und die mich aus Deutschland vertrieb.[2]

Ein Provinzler war *Thomas Mann* in der Tat nie, auch wenn Lübeck und München vielfach die Handlungsorte seiner Erzählungen sind, und trotz seiner denkbar deutschen menschlichen Erscheinung.

Manns Gabe der Identifikation mit anderen ist wohl die Erklärung dafür, daß es bei ihm zu einem deutschen ›Weltbürgertum‹ kommen konnte, soweit sich dieser Wunschtraum des deutschen Liberalismus des 19. Jahrhunderts überhaupt erfüllen ließ. Eben dadurch, daß *Mann* sich nicht mit *der deutschen Kultur* identifizierte, wie es jenes dauernd aus dem Zusammenhang zitierte Wort: »Wo ich bin, ist die deutsche Kultur« nahelegt, wurde er zum Repräsentanten einer deutschen Kultur, wie er sie verstand. Diese Kultur ist geprägt von *Goethe, Schopenhauer, Nietzsche* und *Wagner,* auch *Luther* gehört ihr an, aber *Hegel* und *Marx* spielen darin nur untergeordnete Rollen, wenngleich *Mann* zumindest vor dem letzteren häufige öffentliche Verbeugungen machte. Aber identifizieren konnte er sich mit *Hegel* und *Marx* nicht, konnte nicht in sie hineinschlüpfen und sie in Essays und Romanen darstellen. *Hegel* und *Marx* bleiben daher an der Peripherie der deutschen Kultur *Thomas Manns,* wenn er auch ihren potentiellen Einfluß auf die Kultur der deutschen Gesellschaft sehr wohl sah.

Die vier Großen, *Goethe, Schopenhauer, Nietzsche* und *Wagner,* waren für *Mann* jedoch nie Säulenheilige, die immer dieselben blieben, vor denen er sich verneigt und die er nachgeahmt hätte. Zudem hatten sie die Rolle der Väter noch mit anderen zu teilen, mit *Heine* und *Storm, Turgeniew* und *Tolstoi.* In *Manns* Erzählungen verschmelzen diese Väter oft auch zu einem Vater, so wie *Theodor Storm* und *Turgeniew* zum Vater Tonio Krögers werden, worüber *Thomas Mann* 1930 erklärend sagt:

Den Vater seines Helden beschrieb der junge Verfasser als einen »langen«, zur Wehmut geneigten Herrn »mit sinnenden Augen, der immer eine Feldblume im Knopfloch trug«. Er wich mit dieser Beschreibung vom autobiographisch Wirklichen entschieden ab, und dennoch war sie nicht Willkür und bloße Phantasie. Die Figur, die ihm vorschwebte, erstand aus dem Gefühl und Bewußtsein der doppelten kulturellen Herkunft des Werkchens, in das er sie hineinstellte, einer deutsch-heimatlichen und einer mondänen.[3]

Dieses Abweichen vom ›autobiographisch Wirklichen‹ ist genau der Prozeß, in dem die Erfahrung von Fremdheit in der

Heimat – das Lübecker Kindheitsproblem – zur Suche nach geistiger Ordnung anregt, die bei *Thomas Mann* in der Frage: »Woher komme ich?« zur Suche nach dem Grund der Realität wird. Die Rolle der geistigen Väter in diesem Prozeß ist vergleichbar mit der der homerischen Götter, die Mächte des Selbst und zugleich Mächte der äußeren Realität sind, die raten und führen, an denen der Held aber auch Kritik üben darf. Keinem wird die dauernde Vorherrschaft im Ich des Helden gestattet. Wie sich in Thomas Buddenbrooks Traumvision *Schopenhauers* Willensverneinung in *Nietzsches* verzweifelte Lebensbejahung verwandelt, so ist auch bei *Thomas Mann* das Oszillieren zwischen dem einen und dem anderen geistigen Vater die Form der Suche nach der Ordnung der Wirklichkeit, die nicht ›freie‹ Schöpfung aus dem Nichts zu sein vorgibt. Noch 1938 erklärt *Mann*, »daß man im Sinne eines Philosophen denken kann, ohne im geringsten *nach* seinem Sinn zu denken, will sagen: daß man sich seiner Gedanken bedienen – und dabei denken kann, wie er durchaus nicht gedacht haben will«.[4] So überlistet *Mann* seine Götter – in diesem Fall *Schopenhauer* –, anstatt sie zu töten.

Thomas Manns ständiges Zurückkommen auf die großen Vorbilder des 19. Jahrhunderts ist daher als Versuch zu sehen, geistige Ordnung in Deutschland zu begründen, ein Versuch, der mit den institutionellen Neugründungen von 1871, 1918 und 1933 unbedingt zusammengesehen werden muß. *Bismarcks* Schaffen vollendeter Tatsachen durch Macht, die rationale Planung der Demokratie in Deutschland durch die Weimarer Väter der Verfassung und das Gleichsetzen der Ordnung der Gesellschaft mit dem egomanischen Machtwillen der Nationalsozialisten waren Versuche, eine Ordnung für Deutschland neu zu begründen, wobei jede der drei Gründungen mindestens einen Bereich der Realität unterdrückte. *Manns* Gründung einer persönlichen Ordnung in Abwesenheit einer die Wirklichkeit adäquat reflektierenden gesellschaftlichen Ordnung ist also ein durchaus ernst zu nehmender Versuch, in der permanenten Ordnungskrise zu überleben, womit keineswegs gesagt ist, daß er in diesem Versuch nur so etwas wie eine ›Alternative‹ zur gesellschaftlichen Misere sah.

Dennoch erfaßten Teile der deutschen Gesellschaft den Öffentlichkeitsanspruch von *Manns* Bemühungen intuitiv, wie etwa im Jahr 1933, als der Vortrag *Leiden und Größe Richard Wagners* zu dem berüchtigten »Protest der Richard-Wagner-Stadt München« führte, den u. a. *Walther Gerlach, Olaf Gulbransson, Hans Knappertsbusch, Hans Pfitzner* und *Richard Strauss* unterzeichneten und in dem es hieß: »Wer sich selbst als dermaßen unzuverlässig und unsachverständig in seinen Werken offenbart, hat kein Recht auf Kritik wertbeständiger deutscher Geistesriesen.«[5] *Mann* hatte sich wieder einmal in einen seiner geistigen Väter hineingedacht und den Weg dieses Vaters in der Zeit beschrieben als den Weg des deutschen Bürgertums, »von der Revolution zur Enttäuschung, zum Pessimismus und zu einer resignierten machtgeschützten Innerlichkeit«[6]. Und gerade deshalb erkannte er in *Wagner* auch den infantilen Ordnungsstifter des *Ring des Nibelungen,* der wie er, *Mann,* an Deutschland litt, dann aber der Verführung der Neustiftung nicht widerstehen konnte. Nur war seit *Wagners* Zeit das kulturelle Niveau in Deutschland so gesunken, daß die Verfasser des Münchner Protests in ihm nur noch den »wertbeständigen Geistesriesen« sehen konnten.

Thomas Manns Goethe, seine *Schopenhauer, Nietzsche* und *Wagner,* sie alle ›leiden an Deutschland‹. Der Überwindung dieses ›Leidens an Deutschland‹ durch die großen Väter gilt *Manns* ganzes Interesse. Besonders *Nietzsches* ›Selbstüberwindung‹ stellt für *Mann* den einen paradigmatischen Versuch dar, über die romantisch-idealistische Vergöttlichung des Ich mit ihrer Verbannung der realen Existenz ins Irrationale hinauszukommen. In *Wagner* sieht *Mann* schon in der Nietzsche-Rede von 1924 den »mächtig-glückhaften Selbstverherrlicher und Selbstvollender«, in *Nietzsche* dagegen einen »revolutionären Selbstüberwinder«[7]. Und in *Goethes*

Symbol der ›Entsagung‹ sieht *Mann* die »Selbstüberwindung der individualistischen Humanität, den Verzicht auf das Ideal privat-menschlicher Allseitigkeit und die Proklamierung eines Zeitalters der Einseitigkeit«[8].

Die ›Selbstüberwindung‹ ist das zentrale Motiv, das *Thomas Mann* in all seinen Analysen der ›Väter‹ herausarbeitet. Aber während *Schopenhauer* und *Wagner* nur ›Selbstvollender‹ bleiben, weist die ›Selbstüberwindung‹ eines *Goethe* und eines *Nietzsche* in die Zukunft. Denn unter ›Selbstüberwindung‹ versteht *Mann* den Schritt über das hinaus, was einer geistigen Bewegung ihre geschichtlich vollendete Form gibt. *Mann* hat die ›Selbstüberwindung‹ begrifflich nicht definiert, aber was er damit meint, sagt er am häufigsten im Zusammenhang mit *Nietzsche*. So spricht er noch 1947 in dem Vortrag *Nietzsche's Philosophie im Lichte unserer Erfahrung* folgendes aus: »Er sieht, über annähernd ein Jahrhundert hinweg, ungefähr was wir Heutigen sehen. Denn die Welt, ein neu sich bildendes Weltbild, ist eine Einheit, und wohin, nach welcher Seite immer eine so ungeheure Reizbarkeit sich wendet und vortastet, erfüllt sie das Neue, das Kommende und zeigt es an.«[9] Dies ist nur eine von vielen Bemerkungen, aus denen ersichtlich wird, daß *Thomas Mann* sich dem deutschen 19. Jahrhundert und seinen vier Hauptgestalten immer wieder zuwandte, weil er dort nicht nur das Alte, sondern schon das Neue fand, das sich in der gesellschaftlichen Realität seiner Zeit keineswegs schon zeigte. Worin dieses Neue allerdings bestehen sollte, hat auch *Thomas Mann* nur durch Verweisen auf eine ›Umkehrung der Kausalität‹ andeuten und es so zur Form seiner Kunstwerke machen können: es ist das Eindringen in die Tiefe der Vergangenheit. Diese Erkenntis mußte die enttäuschen, die erwartet hatten, eine neue Wirklichkeit der Gesellschaft zu sehen.

Zumindest aber kann das Gerede von *Manns* Goethetum, Bürgerlichkeit und Traditionsverhaftetheit sein Ende finden an dem Nachweis des Gedankens der Selbstüberwindung in seinem Werk.

Zur weiteren Beschäftigung mit dem Problem der ›Nachfolge‹ und der geistigen Ursprungssuche *Manns* werden folgende Texte zur Lektüre empfohlen:

Theodor Storm, in: GW, 9. Bd., S. 246–267. (Erstveröffentlichung 1930).

Der alte Fontane, in: GW, 9. Bd., S. 9–34. (Erstveröffentlichung 1910). Besonders S. 12 f.

Schopenhauer, in: GW, 9. Bd., S. 528–580. (Erstveröffentlichung 1938).

Leiden und Größe Richard Wagners, in: GW, 9. Bd., S. 363 bis 426. (Erstveröffentlichung 1933). Besonders S. 416–419 zum Problem von Wagners Verhältnis zum deutschen Bürgertum.

Richard Wagner und der ›Ring des Nibelungen‹, in: GW, 9. Bd., S. 502–527. (Erstveröffentlichung 1938). Wichtig zum Verständnis von Manns künstlerischem Verhältnis zu Wagner und der Kunst des 19. Jahrhunderts.

Vorspruch zu einer musikalischen Nietzsche-Feier, in: GW, 10. Bd., S. 180–184. (Erstveröffentlichung 1925).

Nietzsche's Philosophie im Lichte unserer Erfahrung, in: GW, 9. Bd., S. 675–712. (Erstveröffentlichung 1947). Wichtig zum Verständnis von Manns später Sicht dieses für ihn wichtigsten ›Vaters‹. Besonders S. 684–706.

Goethe's Laufbahn als Schriftsteller, in: GW, 9. Bd. S. 333 bis 362. (Erstveröffentlichung 1933).

Goethe und die Demokratie, in: GW, 9. Bd., S. 755–782. (Erstveröffentlichung 1949). Wichtig durch seine Betonung des Geschichts-Problems. Vgl. S. 776–777.

2. Ordnung der Wirklichkeit durch die Kunst

> Als ich ›Buddenbrooks‹ zu schreiben begann, saß ich in Rom, Via Torre Argentina trenta quattro, drei Stiegen hoch. Meine Vaterstadt hatte nicht viel Realität für mich, man kann es mir glauben, ich war von ihrer Existenz nicht sehr überzeugt. Sie war mir, mit allen ihren Insassen, nicht wesentlich mehr als ein Traum, skurril und ehrwürdig, geträumt vorzeiten, geträumt von mir und in der eigentümlichsten Weise mein eigen.[10]

Mit dieser Beschreibung der Genese von *Buddenbrooks* verteidigt Thomas Mann sich in der Rechtfertigungsschrift *Bilse und ich* von 1906 gegen die Proteste seiner früheren Mitbürger, er habe das eigene Nest beschmutzt. Der Künstler hatte die Bürger getroffen, sie fühlten ihr Inneres der Welt preisgegeben, und nun rechtfertigte er sich mit der Ausrede vom »vorzeiten« geträumten Traum, wo doch jedermann wußte, wen *Thomas Mann* aus Lübeck mit seinen Romanfiguren gemeint hatte. Natürlich wußten das nur die Leute in Lübeck und auch dort keineswegs alle.

Dagegen nun argumentiert *Mann*, daß nicht Erfindung den Dichter mache, sondern die Gabe der ›Beseelung‹. Der Stoff für das Kunstwerk liege praktisch tot da, bis der Dichter ihn mit dem durchdringe, »was des Dichters ist«[11], und ihn so zu seinem Eigentum mache. »Daß dies zu Konflikten mit der achtbaren Wirklichkeit führen kann und muß, welche sehr auf sich hält und sich keineswegs durch Beseelung kompromittieren zu lassen wünscht, – das liegt auf der Hand.«[12] Zart ironisch schildert der einunddreißigjährige Künstler der ›achtbaren Wirklichkeit‹ seine Kunsttheorie. Der Künstler, so fährt *Mann* fort, »mag dem durch die Wirklichkeit gegebenen Detail noch so untertan sich zeigen, [...] dennoch wird für ihn – und sollte für alle Welt! – ein abgründiger

Unterschied zwischen der Wirklichkeit und seinem Gebilde bestehenbleiben: Der Wesensunterschied nämlich, welcher die Welt der Realität von derjenigen der Kunst auf immer scheidet.«[13] Man sollte den *Thomas Mann,* der hier seine *Buddenbrooks* vom Kolportageroman abzusetzen sucht, nicht auf die theoretische Exaktheit seines Wortgebrauchs festzulegen versuchen. Die Ästhetik von *Bilse und ich* ist eine apologetische Ästhetik, eine juristische Hermeneutik, die mit Begriffen wie ›Wirklichkeit‹, ›Kunst‹, ›Beseelung‹ und ›Erfindung‹ so operiert, daß deren bürgerliche Bedeutungen mit dem, was in *Buddenbrooks* dargestellt ist, übereinzustimmen scheinen. Diese Apologie ist ein geschicktes Täuschungsmanöver, denn der Künstler sagt nirgends, daß die ›Wirklichkeit‹, an der seine Mitbürger Anstoß nehmen, nicht doch das Objekt seiner ›Vorstellung‹ und seines ›Traumes‹ sei. *Mann* bemüht sogar den Begriff der ›voraussetzungslosen Wissenschaft‹, einen vom Bürgertum seiner Zeit akzeptierten Begriff, um danach sogleich die Kunst als ›Schöne Wissenschaft‹ und ›Fröhliche Wissenschaft‹ zu kennzeichnen und ihr ebenfalls Voraussetzungslosigkeit zuzugestehen[14]. Das Versteckspiel mit der Gesellschaft findet sein Ende, als *Mann* bekennt:

> »Der Künstler«, hat ein Dichter und Denker gesagt, »der nicht sein ganzes Selbst preisgibt, ist ein unnützer Knecht.« Das ist unsterblich wahr. Wie aber kann ich mein ganzes Selbst preisgeben, ohne zugleich die Welt preiszugeben, die meine Vorstellung ist? *Meine* Vorstellung, *mein* Traum, *mein* Schmerz?[15]

Mit diesem Satz ist der Bezug zur geistigen Ordnung hergestellt, der Appell an die Gesellschaft ist ergangen, das Bild, das der Künstler von ihrer Wirklichkeit zeichnet, als *Selbstbildnis* des Künstlers, als seine innere Erfahrung hinzunehmen. Die *Schopenhauer*sche Metaphysik als Kommunikationssprache soll der Gesellschaft die Achtbarkeit des *Mann*schen Unternehmens suggerieren.

Die Struktur der künstlerischen Erfahrung, das was in *Bilse und ich* ›mein Traum‹ genannt ist, wird in dem Prosastück *Süßer Schlaf* (1909) beschrieben:

> Entsetzen, wenn die glühende Straße der Mühsal ungeteilt, ohne vorläufiges Ziel, in greller Unabsehbarkeit vor uns läge! Wer hätte die Kraft, sie zu Ende zu gehen? Wer sänke nicht in Entmutigung und Reue dahin? Aber die heimatliche Nacht ist eingeschaltet, vielmals, vielmals, in den Passionsweg des Lebens; jeder Tag hat ein Ziel: mit Quellengemurmel und grüner Dämmerung wartet unser ein Hain, wo weiches Moos unsere Füße tröstet, wonnige Kühle unsere Stirn mit Heimatsfrieden umwehen wird, und mit umfangenden Armen, rückwärts geneigten Hauptes, mit offenen Lippen und selig brechenden Augen gehen wir in seinen köstlichen Schatten ein . . .[16]

Aus dem Schlaf geht man »gereinigt von Schweiß, Staub und Blut, gestärkt, verjüngt, fast unwissend wieder« hervor. *Manns* Beschreibung der Bedeutung des Schlafs zeigt den Schlaf als Zustand der Anamnese. In ihm steigt der Künstler zum Grund seiner Existenz hinab und erneuert sich. Die Konflikte des Tages, der äußeren Realität werden also nicht im Schlaf ausgetragen und bewältigt, sondern abgestreift: »Nie schlafe ich tiefer, nie halte ich süßere Heimkehr in den Schoß der Nacht, als wenn ich unglücklich bin, [. . .] Menschenekel mich ins Dunkel scheucht . . .«[17] Noch einmal wird der Schlaf dann als »Meer des Unbewußtseins und der Unendlichkeit«[18] bezeichnet, womit die in ihm erfahrene Realität klar als das über die gewöhnliche Wirklichkeit des Tages Hinausgehende gekennzeichnet ist.

Die Bedeutung eines so exakten Erfahrungsberichts, wie *Süßer Schlaf* es ist, für das Verständnis dessen, was *Mann* mit Kunst und künstlerischer Existenz meint, wird noch immer nicht scharf genug gesehen. Dabei bedarf es nur einer oberflächlichen Betrachtung seiner Werke, um zu erkennen, daß Schlaf und Traum in beinahe allen seiner Werke zentrale Stellen einnehmen. Man denke nur an die Traumvision Thomas Buddenbrooks, an Gustav Aschenbachs Traum im *Tod in Venedig*, an Hans Castorps Siebenschläferexistenz und deren Träume im *Zauberberg,* an die Träume Josephs und an *Goethes* Abstieg zur unteren Schwelle des Bewußtseins in *Lotte in Weimar.* Im Schlaf regeneriert sich das Tages-Ich, indem es träumend in die Vergangenheit der Konflikte des Tages hinabsteigt. *Thomas Manns* ›Unbewußtes‹ ist im Gegensatz zum ›Unbewußten‹ der Psychologie eines *Freud* oder *Jung* nicht einfach nur vergessenes Treibgut von Archetypen und Trieben, das sich leicht wieder bewußt machen läßt. Vielmehr ist es die Tiefe der Realität, etwa vergleichbar dem, was in der Philosophie der Griechen das ›Apeiron‹ genannt wird, der unendlich schöpferische Grund aller Dinge der Wirklichkeit.

Der Wirklichkeitsanspruch von *Thomas Manns* Kunst wird daher nicht auf eine Phänomenologie der äußeren, ›objektiven‹ oder der inneren ›subjektiven‹ Wirklichkeit gegründet. Wirklichkeit ist in dieser Kunst nie ›gegeben‹. Sie ist ein Prozeß, den man erfährt, indem man zwischen Schlaf und Tageswirklichkeit hin und her gleitet. ›Die Kunst‹ im Sinne eines Begriffs der Ästhetik macht Mann nicht zum Gegenstand seiner Betrachtungen. Ob nun, wie im Essay über *Schopenhauer* von der »*vermittelnden* Aufgabe des Künstlers«, seiner »hermetisch-zauberhaften Rolle als Mittler zwischen oberer und unterer Welt«[19] gesprochen wird, oder ob, wie im *Doktor Faustus,* die Phantasie als das Spielen des noch nicht Existierenden bezeichnet wird[20], nie wird über die Kunst als Gegenstand und Selbstzweck gesprochen. Stets weisen die Symbole ›Kunst‹ und ›Künstler‹ darauf hin, daß es bei der Realität um Nicht-Definierbares geht. Der Künstler ordnet eine als ungeordnet erscheinende Realität durch sein Vermitteln zwischen ihren von einander getrennten Bereichen, für die manchmal die Symbole ›oben‹ und ›unten‹, manchmal ›innen‹ und ›außen‹,‹, manchmal gar ›Vorstellung‹ und ›Wirklichkeit‹ gebraucht werden. Gerade dieses scheinbar begriffliche Schwanken reflektiert wiederum nur die Entwicklung des Prozesses des künstlerischen Ordnens.

Man mag in *Thomas Manns* Kunstauffassung die Reaktion

auf eine mörderische, ungeordnete äußere Wirklichkeit der Zeit sehen, die sich vor den Augen des Künstlers nach ihren eigenen Gesetzen abspielt. Man sollte dabei auch keineswegs den im frühen *Thomas Mann* vorhandenen Nietzscheanischen Willen zum ›Durchbruch‹ übersehen, die Hoffnung auf magische Veränderung der Wirklichkeit durch die künstlerische Existenz, von Adrian Leverkühn als *Kleist*sche ›zweite Unbefangenheit‹ postuliert: »Wem also der *Durchbruch* gelänge aus geistiger Kälte in eine Wagniswelt neuen Gefühls, ihn sollte man wohl den Erlöser der Kunst nennen.«[21] Leverkühns Durchbruchsversuch endet wie der *Nietzsches* im Wahnsinn.

Manns eigener ›Durchbruch‹ zum »Heiter-Bescheideneren«[22] im *Felix Krull* erweist sich aber dann als das Gegenteil des ursprünglich Erhofften. Der obsessive Wille zum ›Durchbruch‹ als göttlichem Spielen mit der Realität fehlt. Der Hochstapler arrangiert sich mit der Wirklichkeit der Dinge, ohne ihr seine Träume zu opfern.

Zum Verständnis der Mannschen Auffassung von der Ordnung der Wirklichkeit durch den Künstler sind folgende Texte unerläßlich:

Bilse und ich, in: GW, 10. Bd., S. 9–22. (Erstveröffentlichung 1906.)

Süßer Schlaf, in: GW, 11. Bd., S. 333–339. (Erstveröffentlichung 1909.)

Rede zur Gründung der Sektion für Dichtkunst der Preußischen Akademie der Künste, in: GW, 10. Bd., S. 211–215. (Gehalten am 18. November 1926.) Hier wird die Beziehung zwischen Dichter und Gesellschaft gegenüber romantischer »Einsamkeit und Beziehungslosigkeit« besonders hervorgehoben.

Schopenhauer, in: GW, 9. Bd., S. 528–580. (Erstveröffentlichung 1938.) Die für den Zusammenhang besonders wichtigen Passagen finden sich auf S. 533–535.

Doktor Faustus, GW, 6. Bd. (Erstveröffentlichung 1947.)

Obgleich es beinahe unmöglich ist, die Höhepunkte dieses zentralen Werkes über das Problem des Künstlers zu nennen, soll doch besonders auf Kapitel XXXI und XIV hingewiesen werden. Die Frage der Phantasie ist in letzterem behandelt.

3. Selbstauslegung

»Aber was kennen und wissen Sie überhaupt von mir?«[23] fragt *Thomas Mann* im Konzept eines Briefes aus dem Jahr 1949 einen, der ihn wegen seines Essays *Goethe, das deutsche Wunder*[24] mit taktlosen Bemerkungen zur Rede gestellt hatte. *Mann* antwortet:

> Gewiß, beim letzten Wort der »Betrachtungen« stand ich nicht mehr, wo ich beim ersten gestanden. Ich bin weiter gegangen, wie es sich für einen lebendigen Schriftsteller gehört; nur daß es meine Art ist, nichts aus meinem Leben herausfallen zu lassen, sondern das Frühe ins Spätere mitzunehmen, so daß es jederzeit wieder produktiv werden kann. Wären Sie bekannt mit dem viel beschrieenen »Doktor Faustus«, so wüßten Sie darüber Bescheid.[25]

Manns in diesem Fall zur Schau gestellte Aggressivität ist nicht nur eine Abwehr der ungehörigen Fragen seines Adressaten, sondern auch ein klares Bekenntnis zur Einheit seines Werkes. Die Umstände des Ruhms haben *Thomas Mann* häufig dazu gezwungen, über sein Werk zu sprechen und zu schreiben, und er weist sich dabei stets nicht nur als Werkinterpret, sondern auch als Bekenner jenes ›Selbst‹ aus, von dem schon in *Bilse und ich* die Rede war. Wenn er daher bemerkt, daß er das Frühe ins Spätere mitnehme, so daß es jederzeit wieder produktiv werden könne, so weicht er auch in diesem Fall nicht von der Darstellung seines Schaffensprinzips ab, die er in der bekannten *Einführung in den Zauberberg* den Studenten der Universität Princeton gegeben hatte. Dort unterscheidet er nämlich zwischen Autoren, »deren Namen mit dem eines einzigen großen Werkes verbunden ist«, – er nennt *Dante* und *Cervantes* – und Autoren, »bei denen das einzelne Werk keineswegs diese vollendete Repräsentativität und Signifikanz besitzt, sondern nur Fragment eines größeren Ganzen ist, des Lebenswerkes, ja des Lebens und der Person selbst, die zwar danach streben, das Gesetz der Zeit und des Nacheinander aufzuheben, indem sie in jeder Hervorbringung ganz da zu sein versuchen [. . .]«[26]. Das Lebenswerk als Ganzes habe »seine Leitmotive, die dem Versuch dienen, Einheit zu schaffen, Einheit fühlbar zu machen und das Ganze im Einzelwerk gegenwärtig zu halten«[27]. Die Bedeutung seiner Einzelwerke als ›Leitmotive‹ des Lebenswerkes, seines Lebens und seiner Person klarzumachen, darin sieht *Thomas Mann* seine Aufgabe als Interpret und Kritiker seiner Werke. Werkkritik ist Selbstkritik, und mit dieser Kritik geht derjenige sparsam um, der im Werk bereit ist, sein ganzes Selbst zu geben. Man erwarte also von *Thomas Mann* nicht etwa Literaturkritik im Sinne einer Bewußtmachung von Strukturen, wenn es um das eigene Werk geht. Bei anderen Künstlern ist er solcher Kritik durchaus fähig, beim eigenen Werk deutet er nur an, was der Stellenwert eines Einzelwerkes im Gesamtwerk ist. Die Hilfe, die er dem Leser seiner Bemerkungen über eigene Werke gibt, liegt darin, daß er im einzelnen Fall den Verweisungscharakter eines Werkes andeutet. Was er sonst über seine Werke zu sagen weiß, das steht bereits dort, und zwar keineswegs zwischen den Zeilen. Nur über den *Doktor Faustus* hat er sich in der *Entstehung des Doktor Faustus* eingehend geäußert, und dort wird deutlich, daß es ihm bei diesem Roman wie nie zuvor um die Selbstauslegung gegangen ist. Die Schilderung der Ereignisse während der Entstehung des Romans ist ein Kommentar, der eigentlich selbst Teil des Romans ist.

Dies mag damit zu tun haben, daß *Mann* den Helden seiner Geschichte geliebt hat wie keinen anderen seiner Helden[28]. Und wo er liebt, dort spielt er gern Versteck. »Romanfiguren im pittoresken Sinn«, so schreibt er, »das war das Gebot, durften nur die dem Zentrum fernen Erscheinungen des Buches sein, nicht seine beiden Protagonisten, der Held und sein Biograph, die zu viel zu verbergen haben, nämlich das Geheimnis ihrer Identität.«[29] Es wäre zuwenig gesagt, wollte man diese Identität einfach auf den Nenner *Thomas Mann* bringen; Zeitblom und Leverkühn sind weniger und zugleich mehr als ihr Dichter. Sie sind Träger seiner Erfahrungen, die in ihrem Romanleben das aktualisieren, was ihrem Schöpfer als Möglichkeiten seines Ich bekannt war, ohne daß er es in seiner Existenz zu realisieren wünschte oder auch immer dazu imstande gewesen wäre.

Die Identität des Autors der »Entstehung« ist wiederum verschieden von der Zeitbloms oder Leverkühns. Sie ist bürgerlich und urban, dann auch wieder tantenhaft geschwätzig wie die Zeitbloms, wenn z. B. von dem nach erfolgreichem chirurgischen Eingriff genossenen Coca Cola mit ebensoviel Emphase gesprochen wird wie von einer Episode aus dem Leben *Nietzsches*[30]. Das Sich-Wichtig-Nehmen des Autors der »Entstehung« gehört mit zur Interpretation des Romans, ebenso wie die oft unglaubliche Ich-Bezogenheit des Verfassers der *Betrachtungen eines Unpolitischen* mit zur Interpretation des *Zauberberg* gehört bzw. einen Kommentar zu *Manns* bis zum Ersten Weltkrieg erschienenen Werken gibt.

Aus Briefen erfährt man hin und wieder das eine oder andere Detail über *Manns* Werk, so z. B. in einem Brief an *Paul Amann* Genaueres über die Konzeption des *Tod in Venedig* als Geschichte von *Goethes* letzter Liebe, aber auch eine solch freiwillig gewährte Information erinnert merkwürdig an *Goethes* eher verschlüsselnde als klärende Prosakommentare zu den *Urworten. Orphisch.* Sie ist zum Teil Ablenkungsmanöver, da sich *Thomas Manns* Selbstauslegung eben schon in seinen Werken findet. Was er darüber hinaus zu sagen hat, ist beschwörende Bitte an seine Zeitgenossen, ja nicht das eine oder andere Werk hinwegzuerklären. Denn von *Buddenbrooks* über die *Betrachtungen eines Unpolitischen* bis hin zu den *Bekenntnissen des Hochstaplers Felix Krull* ist es ja alles von *ihm, Thomas Mann.* Das Gesamtwerk wie das Einzelwerk bilden kein geschlossenes ›System‹, keine künstliche Ordnung, sondern ebenso wie die Wirklichkeit ein Spannungsfeld von Ordnung und Unordnung.

Manns Aussagen über eigene Werke haben alle Interesse für den Leser. Besonders jedoch sollten die folgenden Texte beachtet werden:

Konzept eines Briefes an G. W. Zimmermann, undatiert etwa 7. Dezember 1949, in: Briefe 1948–1955, S. 116–118.

Einführung in den ›Zauberberg‹. Für Studenten der Universität Princeton, in: GW, 11. Bd., S. 602–617. (Erstveröffentlichung 1939.) Wichtig vor allem zum Thema des Gesamtwerkes.

Zu einem Kapitel aus Buddenbrooks, in: GW, 11. Bd., S. 552–556. (Erstveröffentlichung 1949.)

Lebensabriß, in: GW, 11. Bd., S. 98–144. (Erstveröffentlichung 1930.) Besonders interessant zum Verständnis des Zusammenhangs zwischen Biographie und künstlerischem Schaffen.

Vorwort zu einer amerikanischen Ausgabe von »Königliche Hoheit«, in: GW, 11. Bd., S. 572–577. Zeigt die gesellschaftskritische Stellung des oft als ›Unterhaltungsroman‹ verharmlosten Werks.

Brief an Paul Amann, datiert: Tölz, den 10. IX. 15; in: Briefe an Paul Amann 1915–1952, Hrsg. H. Wegener, Lübeck 1961.

Brief an Ernst Fischer, datiert: Arosa, Schweiz, 25. 5. 26; in: Briefe 1889–1936, S. 255–256. Sehr interessanter Kommentar zum Zauberberg und dem historisch-politischen Grund seiner Entstehung.

Die Entstehung des Doktor Faustus, in: GW, 11. Bd., S. 145 bis 301. (Erstveröffentlichung 1949.)

Das mir nächste meiner Bücher, in: GW, 11. Bd., S. 686–687. (Erstveröffentlichung 1954.) Zum Doktor Faustus.

Brief an Max Rychner, datiert: Pacific Palisades, California, 1550 San Remo Drive, 24. Dez. 1947; in: Briefe 1948–1955, S. 578–580. Kommentar zum eigenen Werk aus der Sicht der deutschen Nachkriegssituation.

4. Epochenbewußtsein und Geschichtsdenken

Thomas Manns Geschichtsdenken ist von seiner Gesellschafts-
und Selbstanalyse nicht zu trennen. Doch läßt sich dessen
Entwicklung am besten verfolgen, wenn man keine bestimmten Geschichtsmodelle vor Augen hat. Es finden sich bei
Mann schon frühe Hinweise darauf, daß die Bewegung des
Zerfalls des ständischen Bürgertums als Grunderfahrung zu
einer Reihe von Zeitanalysen führt, mit denen *Mann* sich
aber nicht in die um die Jahrhundertwende übliche Unter-
gangsliteratur einreiht. Ihn interessieren nicht nur der Untergang selbst, sondern vor allem die Gründe des Zerfalls, und
erst wenn der Zerfall auf seinen letzten Grund hin erforscht
ist, kann, wie in *Buddenbrooks,* der Untergang stattfinden.
Denn in jenem Roman steht das Ende, das Auslöschen des
Spätlings Hanno ins Nichts, von Anfang an fest. Die Konzeption der Handlung ist vom bekannten Ende zurück-
gedacht auf den sich immer weiter nach rückwärts verschie-
benden Anfang, bis er dann gefunden wird in dem Symbol
vom »geheimen Riß im Hause«, vor dem Gotthold Buddenbrook seinen Vater warnt[31]. Der Roman ist Ursachenforschung, aber dichterische Genauigkeit fordert, daß nicht bei
der erstbesten ›Ursache‹ haltgemacht werde. Aber auch der
›geheime Riß‹ ist keine Ur*sache*, sondern Symbol dafür, daß
es nicht Ursachen, sondern Gründe sind, die einen historischen Sachverhalt erklären.
Damit hat schon der frühe *Thomas Mann* den entscheidenden intellektuellen Schritt getan, der es ihm ermöglicht, sich
in der zerfallenden Ordnung der Vorkriegsära als Schriftsteller zu entwickeln; doch es fällt ihm keineswegs leicht.
Dies dokumentiert z. B. die Tatsache, daß *Mann* das Projekt

eines historischen Romans über Friedrich den Großen aufgab. Der Grund dafür lag in der Natur des Projektes selbst. Denn *Thomas Mann* war in den Jahren der Wilhelminischen Vorkriegsära Beobachter und Interpret des deutschen Geistesbürgertums, dessen Innenleben sich nicht – gemäß seinen ursprünglichen Plänen – in die aktivistische Figur des Preußenkönigs transponieren ließ, wie er an seinen Bruder Heinrich schrieb: »Einen Helden menschlich-*allzu*menschlich darstellen, mit Skepsis, mit *Gehässigkeit,* mit psychologischem Radicalismus und dennoch positiv, lyrisch, aus eigenem Erleben... Was sagst Du dazu? Hältst Du's für möglich?«[32] Weder das ›eigene Erleben‹ noch die Beobachtung der gesellschaftlichen Wirklichkeit boten also damals die Möglichkeit, die Beziehung zu der historischen Vergangenheit herzustellen, ohne sie zu verfälschen.

Mann erlebte die Vorkriegszeit als ›Weltstagnation‹, was sich aber erst aus der Erfahrung des Krieges artikulieren ließ, wie dies aus der anamnetischen Darstellung einst präsenter Zeitgeschichte im *Doktor Faustus* zu ersehen ist:

> In unserem Deutschland, das ist gar nicht zu leugnen, wirkte er [der Krieg, d. Verf.] ganz vorwiegend als Erhebung, historisches Hochgefühl, Aufbruchsfreude, Abwerfen des Alltags, Befreiung aus einer Weltstagnation, mit der es so nicht weiter hatte gehen können, als Zukunftsbegeisterung, Appell an Pflicht und Mannheit, kurz, als heroische Festivität.[33]

Die deutsche Geschichtsapokalypse von 1914 konnte *Mann* im Rückblick in ihrem Erfahrungskern als ›Abwerfen des Alltags‹ erkennen, weil er sich vor 1914 nicht an die Historie verloren, sondern den ›Alltag‹ leidend mitgemacht hatte. In einem Brief aus dem Jahre 1913 an *Heinrich Mann* ist *Thomas Manns* damaliger Zustand beschrieben:

> Aber das Innere: die immer drohende Erschöpfung, Skrupel, Müdigkeit, Zweifel, eine Wundheit und Schwäche, daß mich jeder Angriff bis auf den Grund erschüttert; dazu die Unfähigkeit, mich geistig und politisch eigentlich zu orientieren, wie Du es gekonnt hast; eine wachsende Sympathie mit dem Tode,

mir tief eingeboren: mein ganzes Interesse galt immer dem Verfall, und das ist es wohl eigentlich, was mich hindert, mich für Fortschritt zu interessieren. Aber was ist das für ein Geschwätz. Es ist schlimm, wenn die ganze Misere der Zeit und des Vaterlandes auf einem liegt, ohne daß man die Kräfte hat, sie zu gestalten. Aber das gehört wohl eben zur Misere der Zeit und des Vaterlandes.[34]

Hier wird das momentane Nachlassen der künstlerischen Kreativität in direkten Zusammenhang mit der ›Misere‹ der Zeit gebracht. Es wird klar, daß es auch nicht zu einer ›realistischen‹ Gestaltung der Wilhelminischen Gesellschaft mehr kommen konnte, weil darin die Erfahrung der Lähmung hätte negiert werden müssen. Die Schilderung einer Gesellschaft gleichsam von außen setzt einen intakten Erzähler voraus, und dies wäre *Mann* als Verfälschung der Realität erschienen.

Den Kriegsausbruch erlebt *Thomas Mann* »wie im Traum«, denn die im *Tod in Venedig* bereits vorweggenommene Katastrophe hatte auch er existentiell verdrängt: »Man muß sich jetzt wohl schämen«, schreibt er an den Bruder, »es nicht für möglich gehalten und nicht gesehen zu haben, daß die Katastrophe kommen mußte.«[35] *Manns* Reaktion auf den Krieg ist wie die Hans Castorps auf das Höhenklima des Zauberbergs fieberhaft. Er entwirft bei Kriegsbeginn unter anderem gleich so etwas wie eine Fundamentalontologie des Krieges, indem er auf den 1905 fallengelassenen Helden Friedrich den Großen zurückgreift, nun aber nicht, wie einst geplant, die skeptische ›menschlich-*allzu*menschliche‹ ›Gehässigkeit‹ zum Selbstzweck, sondern zum Mittel der Darstellung macht, um dadurch auf den Grund dessen zu kommen, was er unmittelbar als die Haltung der ›Welt‹ gegenüber Deutschland erfährt: das ›große Mißtrauen‹[36]. Der Anfang von *Friedrich und die große Koalition* belegt diesen Gedankengang aufs genaueste. Dort wird das Problem des Anfangs in einem Vergleich der Lage des Geschichtsschreibers mit der Lage *Wagners* explizit gestellt: *Wagner* habe im *Ring des Nibelungen* nur den Untergang seines Helden ausführen wollen, dabei aber erst am »tiefen Es des Vorspiels vom Vorspiel« – dem Anfang des Vorspiels von *Rheingold* – habe haltmachen können[37]. *Manns* Friedrich ist ein dämonischer Kobold, der die Macht Preußens aus dem Nichts schafft. Die symbolische Bedeutung dieser Gestalt in *Manns* Essay ist aber keineswegs nur darin zu sehen, daß Deutschland wie Friedrichs Preußen zur Großmacht werden soll, sondern die Geschichte Friedrichs des Großen muß auch als Bewußtwerdung der Realität Deutschlands bei *Thomas Mann* gesehen werden. Denn erst durch den Krieg wird Deutschland ein Bereich der *Mann*schen Wirklichkeit, es ersteht gleichsam aus dem Nichts der Vorkriegsära.

Die Entwicklung des ›politischen‹ *Thomas Mann* verläuft vom Augenblick des Kriegsausbruchs an konsequent. Im Vordergrund steht dabei als direkte Erfahrung die ›Epoche‹, welche die Zeit in ein ›Vorher‹ und ein ›Nachher‹ teilt, wie dies in der Vorrede zum *Zauberberg* beschrieben ist. Aus dieser Erfahrung resultiert für *Mann* während der Kriegsjahre zuerst einmal die Notwendigkeit der Klärung seines Gegenwartsbewußtseins, der er sich in den *Betrachtungen eines Unpolitischen* unterwirft. Nur wenn die ›Betrachtungen‹ so gesehen werden, erschließen sie sich als Ganzes. Ihre oft verwirrende Argumentation, ihre Polemik ist nicht politische Theorie im Sinne einer wissenschaftlichen Aussage über die politischen Probleme der Zeit. Die ›Betrachtungen‹ sind trotz ihres oft ›reaktionären‹ Tons aber auch nicht wilde Spekulation, sondern therapeutisches Selbstgespräch im Angesicht der Öffentlichkeit. Hier redet der Autor sich von der Seele, was sich in den ersten vierzig Jahren seines Lebens als ›Bildungsgut‹ und ›Weltanschauung‹ bei ihm abgesetzt hat. Zwei Sätze aus der Vorrede zu den Betrachtungen zeigen die Dringlichkeit dieses Unternehmens: »Du hast dein Leben zu Ende zu führen – ein vom Weltlauf schon überholtes Leben. Neues stieg über den Horizont, das dich verneint, ohne leugnen zu können, daß es nicht so wäre, wie es ist, wenn du nicht gewesen wärest.«[38]

Die langen Erörterungen seiner eigenen Bürgerlichkeit kreisen alle um die Ursprungsfrage: »Wer bin ich, woher komme ich, daß ich bin, wie ich bin, und mich anders nicht machen noch wünschen kann?«[39] Beantwortet werden diese Fragen jedoch erst zum Teil. Ihre analytische Durcharbeitung erfolgt später im *Zauberberg,* dessen zentralen Erfahrungsanlaß *Mann* Jahre nach dem Erscheinen des Romans in folgende Worte faßt:

> Die Traumpsychologie kennt die Erscheinung, daß der äußere Anlaß, der den Traum auslöst, ein fallender Schuß etwa, den der Schläfer hört, in Umkehrung der Kausalität begründet wird durch einen langen und komplizierten Traum, der mit dem Schusse – und mit dem Erwachen – endet, während in Wirklichkeit der Choc am Anfang der ganzen Traummotivierung stand. So steht, der dichterischen Chronologie nach, der Donnerschlag des Kriegsausbruchs von 1914 am Ende des Zauberberg-Romans, in Wahrheit aber hatte er alle seine Träume hervorgerufen.[40]

Die Umkehrung der Kausalität der Ereignisse der äußeren Wirklichkeit im Roman ist der Versuch, sie bewußt zu machen und ihnen dadurch einen geistigen Ordnungsrahmen zu geben. Die immer wiederkehrende Frage für *Thomas Mann* ist von nun an die Frage danach, ob der Bereich der Tatsachen den Bereich der geistigen Ordnung begründet oder ob das Umgekehrte der Fall ist. Weil aber diese Frage nicht ein privates Interesse des Dichters *Thomas Mann* ist, sondern die Ordnung der Gesellschaft betrifft, wird alles, was *Mann* nach 1914 schreibt und sagt, politisch relevant.

Schon zu Beginn der zwanziger Jahre sieht *Mann* die Parallelität gesellschaftlicher Bewußtseinsprozesse zu seinen eigenen Fragen. Er erkennt einen Grund für die Unordnung der deutschen Gesellschaft jener Jahre in ihrer Verabsolutierung der Geschichte. Dieses Problem arbeitet er in einem Essay *Über die Lehre Spenglers* heraus, wo er *Spengler* als den ›eisernen Gelehrten‹ bezeichnet, dessen Geschichtsphilosophie er, ohne es so zu nennen, als Geschichtsgnosis sieht: »Was zum Beispiel für unsere eigene Kultur . . . im Kommen begriffen ist, das *steht fest*. Es steht astronomisch-biologisch-morphologisch fest. Es steht schauderhaft fest. Und wenn es etwas noch Schauderhafteres gibt als das Schicksal, so ist's der Mensch, der's ohne ein Glied dagegen zu rühren, trägt.«[41] *Mann* beläßt es nicht bei der Diagnose des *Spengler*schen Denkens als einer Pervertierung der Geschichte. In der Analyse des heraufziehenden Nationalsozialismus in der Weimarer Republik sieht er die Geschichtsgnosis bestätigt, und seine Essays und Reden aus dieser Zeit sind daher nicht nur als gutgemeintes Eintreten für die Demokratie aus neugewonnener Überzeugung mißzuverstehen, sondern müssen als Versuche gesehen werden, den radikalen Historismus als Perversion der Ordnung der Realität im Bewußtsein zu entlarven. Aus der Rückschau des *Doktor Faustus* kennzeichnet *Mann* die intellektuelle Haltung eines *Spengler* als ›Schwindel‹; die Freude an der Erkenntnis ist dort Sympathisieren mit dem, was man erkennt, weil man es erkennen will[42].

Erkenntnis als libidinöser Wille zur Macht ist aber nur die intellektuelle Form des sich in der Gesellschaft durchsetzenden Machttriebes. *Mann* hat beide Phänomene klar erkannt und bekämpft. Letzterem gelten die politischen Reden und Schriften, die seit den zwanziger Jahren seine erzählerische Produktion begleiten. Dabei handelt es sich vielfach um zeitbedingte Meinungen, die nicht mehr einer Untersuchung bedürfen.

Der theoretische Kern von *Manns* Geschichtsanamnese findet sich in der *Joseph*-Tetralogie, in deren ›Vorspiel‹ die Fragerichtung als das Ausloten des Brunnens der Vergangenheit symbolisiert und Geschichte als Durchgangsform auf dem Abstieg zum Grund der Realität gesehen wird. Das Verweilen bei ›Scheinhalten‹, bedingten historischen Anfängen, ist hierin die gesellschaftliche Manifestierung der Frage nach dem Grund. Auch der Erzähler von Geschichte und Geschichten setzt derartige Anfänge, um nicht ins Uferlose der Tiefe der Realität hinabgezogen zu werden. Damit ist der Zeitlichkeit eine das Bewußtsein schützende Rolle zugewiesen. Noch im Alter bezeichnet *Mann* sowohl im *Felix Krull* als auch in dem kurzen Essay *Lob der Vergänglichkeit* die Erfahrung der Vergänglichkeit als »die Seele des Seins«[43] und das Wissen um Vergänglichkeit als eine der »wesentlichen Eigenschaften, welche den Menschen von der übrigen Natur unterscheiden«[44].

So läßt sich sagen, daß die Erfahrung der Zeitlichkeit und der bewußtseinsverändernde Schock von 1914 in *Thomas Manns* Erfahrung zusammengehören. Zu diesen beiden Erfahrungen gehört auch die beim jungen *Thomas Mann* angelegte Frage nach dem Grund des Geschichtsprozesses, den er zuerst einmal als Verfall erfährt. Das Gegengewicht zur rückschauenden Frage nach dem Grund der Geschichte bildet die Erfahrung von der Epoche als dem Wendepunkt im Bewußtsein, der es dem Menschen unmöglich macht, den Fortgang der Geschichte zu leugnen. All diese Erfahrungen zusammen formen *Thomas Manns* Geschichtsphilosophie, in der das Bewußtsein als ordnendes Zentrum wieder zu seinem Recht kommt.

Die Entwicklung von *Manns* Geschichts- und Gesellschaftsanalyse kann an folgenden Texten verfolgt werden:
Brief an Heinrich Mann, datiert: München, d. 5. XII. 1905, Franz-Joseph-Str. 2; in: Mann, Thomas / Mann, Heinrich, Briefwechsel 1900–1949, Hrsg. Hans Wysling, Frankfurt a. M. 1969, S. 43–44.
Der alte Fontane, in: GW, 9. Bd., S. 9–34. (Erstveröffentlichung 1910.) Besonders S. 24–26 zum Problem des historischen Romans in Deutschland und Fontanes Aufgaben eines historischen Romans.
Brief an Heinrich Mann, datiert: Tölz, den 8. XI. 13; in: Briefwechsel, S. 103–104. Zur Misere der Zeit.
Brief an Heinrich Mann, datiert Bad Tölz, den 7. August 1914; in: Briefwechsel, S. 107–108. Beschreibt Manns Gedanken bei Kriegsausbruch.

Joseph und seine Brüder. Ein Vortrag, in: GW, 11. Bd., S. 654–669. (Erstveröffentlichung 1943.) Besonders S. 657 über das Problem der historischen Kausalität.

Doktor Faustus, GW, 6. Bd. Kapitel XXX. Dort wird der Kriegsausbruch geschildert. Wichtig als Analyse der geistigen Verfassung des deutschen Bürgertums im Jahr 1914.

Vorrede zum Zauberberg, GW, 3. Bd. (Erstveröffentlichung 1924.) Dort wird eine präzise Analyse des Epochenbewußtseins als Prozeß gegeben.

Friedrich und die große Koalition. Ein Abriß für den Tag und die Stunde, in: GW, 10. Bd., S. 76–135. (Erstveröffentlichung 1915.)

Betrachtungen eines Unpolitischen, in: GW, 12. Bd. (Erstveröffentlichung 1918.) Unbedingt wichtig ist die Vorrede, S. 9–41. Eine peinlich genaue Selbstanalyse unter dem Aspekt des ›Zeitdienstes‹. Relevant ist immer noch das Kapitel »Bürgerlichkeit«, S. 102–148. Besonders die Seiten 137 ff.

Über die Lehre Spenglers, in: GW, 10. Bd., S. 172–180. (Erstveröffentlichung 1924.) Der Aufsatz muß als Ganzes gelesen werden, da er alles vorausnimmt, was Mann in Doktor Faustus später über die deutsche Geschichtsapotheose sagt.

Doktor Faustus, GW, 6. Bd., Kapitel XXXIV (Fortsetzung). Die Diskussion des ›Kridwißschen Kreises über Gesellschaft und Geschichte‹.

Vorspiel. Höllenfahrt, in: Joseph und seine Brüder, in GW, 4. Bd., S. 9–54. Hier ist Manns Geschichtsanamnese als meditativer Prozeß vollzogen.

Joseph und seine Brüder, in: GW, 4. Bd., das Kapitel: In der Höhle, S. 572–585. Symbolische Darstellung des Epochenbewußtseins als Josephs In-die-Grube-geworfen-werdens.

Lob der Vergänglichkeit, in: GW, 10. Bd., S. 383–385. (Erstveröffentlichung 1953.)

Die Bekenntnisse des Hochstaplers Felix Krull, in: GW, 7. Bd. Das fünfte Kapitel, Gespräch Krulls mit Professor Kuckuck führt die Gedanken von Lob der Vergänglichkeit weiter aus. Besonders S. 542 f. und 547 f.

ZWEITER TEIL:

KRITIK UND FORSCHUNG

1. Die Thomas-Mann-Kritik im Spiegel der Forschungsberichte

Im Jahr 1956 konnte *Bernhard Blume* einen Forschungsbericht über *Thomas Mann* noch mit folgenden Überlegungen beginnen:

> Zu den Wirkungen eines großen Künstlers gehört auch der Widerstand, den er gegen sich hervorruft. Nicht immer handelt es sich dabei um bloße Verkennung; selbst ein ungerechter Angriff vermag uns mitunter Einsichten zu vermitteln, die von größerer Fruchtbarkeit sind als das schlichte Lob. An den Einwänden, die Novalis gegen den **Wilhelm Meister** erhoben hat, interessiert uns die Frage nach ihrer »Richtigkeit« zuletzt; Kierkegaards ablehnende Haltung gegen Goethe, Santayanas Faust-Kritik, die Bedenken, die Ortega y Gasset in seinem berühmt gewordenen Aufsatz »Um einen Goethe von innen bittend« geltend gemacht hat, – einseitige Äußerungen solcher Art sind durchaus imstande, unser Verständnis eines großen Mannes zu fördern. Unter allen Umständen gelingt ihnen eins: sie stellen gerade da, wo wir bejahen, unser Urteil auf die schärfste Probe. Es mag deshalb nicht als abwegig erscheinen, sich auch im Falle Thomas Manns mit der Hoffnung auf vertiefte Erkenntnis den **Gegnern** seines Werkes zuzuwenden. Zu einem solchen Verfahren wird man umso eher neigen, als Thomas Mann ganz offensichtlich die am heftigsten umstrittene Figur in der deutschen Literatur des 20. Jahrhunderts ist.[1]

Herbert Lehnerts 1969 veröffentlichter Forschungsbericht begann schon etwas anders:

> Die faktischen Voraussetzungen unseres Thomas-Mann-Bildes werden durch den Einblick in bisher unbekannte Quellen vermehrt. In den letzten Jahren, während der Veröffentlichung eines Teiles des Briefwerkes, sind viele neue Aspekte möglich geworden. Weitere wichtige Quellen stehen in Archiven zur Verfügung.

Darüber hinaus gibt es auch gedruckte Quellen, die bisher kaum beachtet wurden. Aus allen diesen läßt sich ein neues, das heißt differenziertes Bild von Persönlichkeit und Werk Thomas Manns gewinnen.[2]

Mit diesen beiden Zitaten ist die Situation der Thomas-Mann-Forschung und -Kritik umrissen. Ging es *Bernhard Blume* 1956 noch um »vertiefte Erkenntnis«, so geht es *Herbert Lehnert* ein Dutzend Jahre später um ein »differenziertes Bild von Persönlichkeit und Werk« *Thomas Manns*. *Lehnert* betont die Quellen, *Blume* die Gegner *Thomas Manns*. Aber läßt sich hier ein Unterschied machen? Gehören im Fall *Thomas Manns* die Aussagen der Gegner über ihn nicht zu den Quellen? *Lehnert* würde diese Frage durchaus bejahen.

Doch man muß weiterfragen. Gibt es nicht einen grundsätzlichen Unterschied zwischen den beiden zitierten Feststellungen? Eine historische Differenz? Immer dann, wenn ein »differenziertes Bild« von einem Werk oder einem Menschen erstrebt wird, kann man sagen, daß die Aktualität des Werkes und der Einfluß der Person etwas nachgelassen haben. Nach Quellen geforscht wird dann, wenn sich direkte Stellungnahmen erschöpft haben. Mit *Thomas Manns* Tod im Jahr 1955 schloß eigentlich auch die Geschichte der ›aktuellen Stellungnahmen‹ ab, der weitere Verlauf der historischen Entwicklung bereitete seiner Aktualität vollends ein sanftes Ende. Denn was hier unter ›Aktualität‹ verstanden wird, war im Fall *Thomas Manns* kein literarisches Phänomen, sondern ein politisches. Literarisch war da kein Kampf, *Thomas Mann* wurde nicht als radikaler Revolutionär der Literatur angesehen, keine Schule bildete sich nach ihm. Der Kampf war politischer Natur. Er wurde um politische Meinungen geführt, deren Gegenstände Weltanschauungen waren, politische Begriffe wie Deutschland, Republik, Konservativismus, Nationalsozialismus, ›äußere Emigration‹ und ›innere Emigration‹, Westdeutschland und Ostdeutschland. Neue Ereignisse haben wie stets die alten Begriffe hinter sich gelassen, und heute kann sich einer, der über *Thomas Mann* schreibt, nur dadurch legitimieren, daß er Wissenschaftler ist. Ein Journalist braucht sich mit dem Thema allenfalls aus offiziellen Anlässen, wie Thomas-Mann-Jubiläen, zu beschäftigen.

Der gute Absatz der Bücher *Thomas Manns* läßt allerdings den Schluß zu, daß eine gewisse Aktualität doch noch besteht, auch wenn sie sich auf andere Weise äußert als in der Vergangenheit. Inwieweit sie etwas mit der »Differenzierung« des Thomas-Mann-Bildes zu tun hat, ist eine offene Frage. Ihre Beantwortung und die Untersuchung der zuvor angeschnittenen Probleme sollte mit zu den Aufgaben der Thomas-Mann-Forschung gehören. Ob diese solchen Aufgaben nachkommt und von der Deskription entsprechender Phänomene zur Frage nach deren Realitätsgrund vorstößt, ist im folgenden besonders aufmerksam zu prüfen.

*

Forschungsberichte zur Sekundärliteratur über *Thomas Mann* gibt es schon seit 1933. Damals stellte der Amerikaner *Marriot C. Morris* einen solchen Bericht als Dissertation unter dem Titel *A History of Thomas Mann Criticism in Germany 1900–1930*[3] zusammen. Siebzehn Jahre später, im Jahr 1950, wurde an derselben amerikanischen Universität, der University of Wisconsin, erneut eine Dissertation über *Mann* eingereicht, in der sich der Autor, *Herman Ramras,* mit dem Thema *Main Currents in American Criticism of Thomas Mann,*[4] beschäftigte. Die beiden Berichte zeigen eine entscheidende Veränderung an, die sich in den siebzehn Jahren vollzogen hatte. Die Thomas-Mann-Kritik war zusammen mit ihrem Gegenstand, dem Autor, nach Amerika ausgewandert; zugleich dokumentieren beide Berichte, daß die akademische Thomas-Mann-Forschung eigentlich in Amerika beheimatet ist. Noch heute wirkt eine Reihe gerade der bedeutenderen Thomas-Mann-Spezialisten nicht in Deutschland, sondern in den USA. Man denke an *Herbert Lehnert, Erich Heller, Henry Hatfield, André von Gronicka.*

In Deutschland wurde nach dem Krieg die Literatur über *Thomas Mann* erstmals 1952 wieder diskutiert, als *Fritz*

Martini sechs Seiten seines Artikels *Deutsche Literatur zwischen 1880–1950* Untersuchungen über *Mann* widmete[5]. Von da an gab es fast jedes Jahr neue Berichte aus der Schweiz, aus den USA, Japan und der Sowjetunion. In diese Reihe fällt auch der eingangs zitierte Bericht von *Bernhard Blume*, der sich zum erstenmal dem Forschungsgebiet analytisch zuwandte. Er untersuchte nur wenige Schriften, denen gemeinsam war, daß sie alle aus Deutschland stammten und in der Zeit zwischen 1948 und 1955 entstanden waren. Ihre eigentliche Gemeinsamkeit aber sah *Blume* in ihrer Gegnerschaft zu *Thomas Mann*, die sich allerdings nicht offen polemisch äußerte, sondern den Autor und sein Werk »mit richterlicher Objektivität«[6] zu beurteilen vorgab. *Blume* durchschaute den Sachverhalt sehr genau, wenn er dazu schrieb:

> Häufig aber liegt es so, daß ein Betrachter sich mit dem **dichterischen** Werk Thomas Manns auseinandersetzt oder auseinanderzusetzen glaubt, während doch die eigentlichen Gründe seiner Ablehnung, mitunter ihm selber gar nicht bewußt, im politischen Bereich zu suchen sind.[7]

Damit hatte *Blume* den Kern des Problems getroffen. Was nämlich in jenen Jahren aus Deutschland kam, waren nicht, wie in den zwanziger und dreißiger Jahren, direkte Attacken auf *Thomas Manns* politische Ansichten und Handlungen, sondern Grundsatzerklärungen, in denen viel von *Thomas Manns* ›Nihilismus‹ die Rede war, der sich im dichterischen Werk widerspiegle. *Ulrich Sonnemanns* Artikel *Thomas Mann oder Maß und Anspruch* (1948)[8] und *Hans Egon Holthusens* in Buchform erschienener Essay über den *Doktor Faustus, Die Welt ohne Transzendenz* (1949)[9], führten die Reihe dieser Kritiken an. Hier ging es um ›Wahrheit‹, und gerade diese ›Wahrheit‹ vermißten die Verfasser in *Manns* Werk. Worin die »neue Wahrheit« bestehen sollte, sagte *Holthusen* in seiner Kritik des *Doktor Faustus*:

> Was fehlt, ist das originale Thema, die große Neuigkeit, der unvorhersehbare Schritt nach vorne. Was fehlt, ist die Idee. An ihrer Stelle gibt Thomas Mann eine essayistische Kombination

von verschiedenen Motiven des Zeitgeistes, eine geschickte Montage aus epochalen Möglichkeiten.
Das Ergebnis ist Parodie. Der Nullpunkt des Bewußtseins, den Leverkühn erreicht hat, hätte eine neue Wahrheit, ein neues Ja erzwingen können.[10]

Blume registrierte derartige Entgleisungen, die apodiktischen Gleichsetzungen von »Wahrheit« und »neuem Ja«, das Gerede vom »Nullpunkt des Bewußtseins«, und er konnte nur mit Mühe seine Fassungslosigkeit über dieses Gerede verbergen. Der Ausgangspunkt seiner Analyse war die Suche nach Erkenntnis gewesen. *Blume* hatte gedacht, er könne von den deutschen Gegnern *Thomas Manns* etwas über *Mann* lernen. Doch was er fand, war die Erkenntnis, daß *Manns* Gegner eben keine *Hardenbergs, Kierkegaards* oder *Santayanas* waren, von denen etwas zu lernen wäre, sondern Deutsche, die in zwölf Jahren den Blick für die Realität verloren hatten und eine Sprache sprachen, die aus Oberlehrerdeutsch und existentialistischem Jargon zusammengebastelt war. Die Sprache *Thomas Manns* sprachen sie nicht.
Als *Herbert Lehnert* zehn Jahre nach *Blume* in der *Deutschen Vierteljahrsschrift* den ersten Teil seines Forschungsberichts vorlegte, stellte zwar auch er noch Kontroversen um *Thomas Mann* fest, aber den Grund der Angriffe sah er nun in »Thomas Manns Nicht-Festlegbarkeit auf eindeutige philosophische Grundbegriffe«[11]. Der »Pluralismus« oder »Nihilismus« von *Manns* »Weltanschauung« hänge, so meinte er, eng mit dem Problem der Ironie zusammen, und daher müsse nun zunächst einmal gefragt werden, was die Kritik zu derartigen Problemen wie der Ironie zu sagen habe.
Nach *Lehnerts* Ansicht ging es überhaupt darum, endlich mit der Interpretation des *Mannschen* Werkes unter weltanschaulichen Gesichtspunkten aufzuräumen. Man müsse vielmehr sehen, daß es eine »Struktur des einzelnen Werkes«[12] gebe, daß diese Struktur wohl etwas mit Weltanschauung zu tun haben könne, daß aber die Weltanschauung in der »Fiktion«, die der Dichter schafft, eine ganz andere Stellung habe

als in der Wirklichkeit außerhalb der Fiktion. Zwar sei bei *Thomas Mann* ein »Übergreifen von der fiktiven Ebene auf die der Wirklichkeit« nicht selten, d. h. *Mann* habe oft als Vortragender in der ›Wirklichkeit‹ dasselbe gesagt wie die eine oder andere seiner Romanfiguren. Aber dies berechtige niemanden dazu, daraus voreilige Schlüsse zu ziehen[13].

Getreu dieser Haltung beurteilte *Lehnert* kritische Einzeluntersuchungen in seinem Bericht danach, wie sie die Strukturen der Werke *Manns* freilegen und ob sie Themen wie ›Ironie‹, ›Humor‹, ›Metaphysik‹ auf ihren »primär fiktionalen« Wert hin untersuchen[14]. Das Bild der Thomas-Mann-Literatur, das aus *Lehnerts* Bericht hervortritt, ist zwar exakt und detailliert, aber es läßt nicht die Realität dahinter erkennen. Man erfährt, daß es eine große Schar von Experten gibt, die sich mehr oder weniger erfolgreich um ein ›differenzierteres Thomas-Mann-Bild‹ bemühen, aber darüber, ob ein Verständnis von *Manns* Werk und Person in einem geistigen Ordnungszusammenhang steht, sagt *Lehnert* nichs aus.

Der vorliegende Bericht versucht, diesen Ordnungszusammenhang wenigstens zu skizzieren, indem er an Hand leicht zugänglicher Dokumentationen auf die Kritik an *Mann* auch dann eingeht, wenn sie publizistischer Natur ist und sich nicht wissenschaftlich gibt. Oft sieht diese Kritik so aus, als ob sie *nur* politisch sei, oft meint sie das Politische, wenn sie vom Literarischen spricht, wie bereits *Blume* gesehen hatte. Die Verknüpfung des Politischen mit dem Literarischen ist kein Zufall, sondern hat ihren Grund darin, daß auch in der Realität die Politik nicht losgelöst neben den anderen Bereichen menschlicher Existenz herläuft. Der Versuch, diesen Sachverhalt aus dem Bewußtsein zu verdrängen, ist seinerseits ein politisches Phänomen mit politischen Auswirkungen.

Es gehören hier also nicht nur wissenschaftliche Forschung und publizistische Kritik zusammen, sondern auch Literatur und Politik. Dieser doppelte Zusammenhang muß beachtet werden, soll das Verständnis *Thomas Manns* und seines Werks mehr sein als technisches Experten-Verständnis.

2. Die Forschung

2.1. Archive

Auf die Bedeutung der Archivarbeit in der Thomas-Mann-Forschung hat bereits *Herbert Lehnert* hingewiesen. Die Sammlung und Edition von *Manns* literarischem Nachlaß ist nur ein Bereich, in dem Archivarbeit geleistet wird; das andere, ebenso wichtige Gebiet ist das der Sammlung und Ordnung von Dokumenten, die über die Rezeption *Manns* Aufschluß geben. Öffentliche und private Stellen bemühen sich seit Jahren um diese Gebiete.

Thomas Mann selbst war allen Forschern mit gutem Beispiel vorangegangen und hatte schon vor 1933 in München mit der für ihn charakteristischen Energie umfangreiche Sammlungen aufgebaut. Sie enthielten u. a. seine Manuskripte, die Erst- und Sonderausgaben seiner Bücher, Beiträge zu Zeitschriften, seine Korrespondenz, aber auch bereits eine erhebliche Menge der kritischen Sekundärliteratur, die bis zu diesem Zeitpunkt erschienen war. Das genannte Material war überdies mit Sachverstand geordnet und hätte für die moderne Forschung eine enorme Bereicherung bedeutet, wäre es nicht 1933 nach der Beschlagnahme der Villa *Thomas Manns* zum größten Teil abhanden gekommen. Wie man auch immer diesen Verlust beurteilen mag, es bleibt festzustellen, daß *Thomas Mann* sozusagen selbst der erste Thomas-Mann-Forscher gewesen ist. Es war ihm ganz offenkundig sehr an einer genauen Dokumentation seines Lebens, seines Werkes, aber auch der Gedanken seiner Zeitgenossen zu diesem Leben und Werk gelegen, und die Bedeutung, die eine lückenlose Sammlung eigener und fremder Schriften haben würde, war ihm demnach durchaus bewußt.

Unter den Archiven ist an erster Stelle das Thomas-Mann-Archiv der Eidgenössischen Technischen Hochschule in Zürich zu nennen. Es wurde 1956 von der Familie *Thomas Manns* gestiftet und enthält den literarischen Nachlaß des Autors, seine Bibliothek, sowie die ausgedehnteste Sammlung der Literatur über *Thomas Mann*. Das Archiv wird von *Hans Wysling* geleitet und tritt mit der Veröffentlichung von wichtigem Quellenmaterial zu *Manns* Werken in den vom Archiv herausgegebenen *Thomas-Mann-Studien* hervor[15]. Dem Archiv wird bei der bevorstehenden Veröffentlichung der Tagebücher *Thomas Manns* eine hervorragende Rolle zufallen, nachdem diese dem Wunsch des Autors gemäß erst zwanzig Jahre nach seinem Tod geöffnet werden dürfen.

Neben dem Zürcher Archiv hat *Thomas Manns* Vaterstadt Lübeck ein eigenes Archiv aufgebaut. Dieses kann sich zwar in keiner Beziehung mit dem Zürcher Archiv messen, es hat aber doch im Laufe der letzten Jahre einen erheblichen Bestand von Briefen sowie eine interessante Auswahl von Sekundärliteratur zusammengetragen. Besondere Verdienste erwarb sich das Archiv u. a. mit der Veröffentlichung von *Manns* Briefwechsel mit *Paul Amann*[16], der vor allem für diejenigen Forscher von Interesse ist, die sich mit *Thomas Manns* Kriegsschriften und den Hintergründen des *Zauberbergs* beschäftigen.

Ebenso wie Lübeck bemüht sich auch die Stadt München mit einer Sammlung der Stadtbibliothek um einen repräsentativen Überblick über *Thomas Manns* Korrespondenz. Wenn auch nicht unmittelbar damit zusammenhängend, so ist hier doch das 1973 eröffnete Klaus-Mann-Archiv der Münchner Stadtbibliothek erwähnenswert, weil hierdurch interessante geschichtliche Vergleichsmöglichkeiten zwischen dem berühmten Vater und dessen ältestem Sohn vor dem Hintergrund der zwanziger Jahre und der Zeit des Exils zugänglich werden.

Einen wesentlichen Beitrag leistet das Thomas-Mann-Archiv der Deutschen Akademie der Wissenschaften der DDR. Der deutsche Bruderstreit um *Thomas Mann* ist hier insofern fruchtbar geworden, als er im Rahmen des wissenschaftlichen Wettstreits dazu führte, daß die DDR ihren Thomas-Mann-Forschern eine eigene Dokumentenbasis schuf. Zudem bereitet die Akademie eine historisch-kritische Ausgabe der Werke *Manns* vor, von der wohl zu erwarten ist, daß sie den *Gesammelten Werken in zwölf Bänden* des S. Fischer Verlags in wesentlichen Punkten überlegen sein wird.

Bezeichnend für *Thomas Manns* Schicksal als Emigrant ist die Tatsache, daß eine der interessantesten Sammlungen sich nicht in Deutschland, sondern in den USA befindet, nämlich in der Beinecke Rare Book and Manuscript Library der Yale University. Den Hauptbestandteil dieser Sammlung bildet die Angell-Collection, deren Paradestück Teile des *Zauberberg*-Manuskripts sind, die wichtige Abweichungen von diesem Werk in seiner veröffentlichten Form aufweisen[17]. Außerdem enthält diese Sammlung verschiedene Vortragsmanuskripte und Briefe, die gelegentlich Schlüsse über *Manns* politische Gedankengänge zulassen. So finden wir zum Beispiel in einem unveröffentlichten Brief *Manns* an den amerikanischen Germanisten *Hermann J. Weigand*, dessen Buch über den *Zauberberg* bis heute ein Standardwerk geblieben ist, im Jahr 1937 Sätze von einer Schärfe, die in starkem Kontrast zu dem sonst freundschaftlich-kollegialen Verhältnis zwischen *Mann* und seinem Kritiker stehen. Der Anlaß hierfür waren einige Bemerkungen *Weigands* gewesen, daß das Dritte Reich auch einige »wirklich erstaunliche Leistungen und Erfolge« aufzuweisen habe[18].

Schließlich ist noch die Sammlung der Princeton University Library zu erwähnen, die ebenfalls eine Reihe von bemerkenswerten Briefen besitzt, so u. a. *Manns* Briefe an *Erich Kahler* und *Hans von Hülsen*.

Es war hier nicht beabsichtigt, alle bestehenden Sammlungen öffentlichen oder privaten Charakters aufzuführen. Es ging in erster Linie darum, zu zeigen, daß der Thomas-Mann-Forschung innerhalb und außerhalb Deutschlands umfangreiches Material zur Verfügung steht, dessen Sichtung und Verarbeitung noch lange Zeit beanspruchen wird. Die Frage ist natürlich, welche Resultate solche Arbeiten erbringen werden und bereits erbracht haben.

2.2. Dokumentation

Unter den Resultaten, die die archivalische Sammlung bisher erbracht hat, befinden sich zunächst Dokumentationen, die es dem an *Thomas Mann* interessierten Fachmann und Laien erleichtern, sich in dem Labyrinth der Materialien zurechtzufinden. Die wichtigste dieser Dokumentationen ist *Hans Bürgins* und *Hans Otto Mayers* 1965 erschienenes Buch *Thomas Mann. Eine Chronik seines Lebens*[19]. Die Arbeit versucht, in übersichtlicher Form und ohne Interpretation einen Blick auf *Thomas Manns* Leben zu geben, der sich auf *Manns* Selbstaussagen in seinen Briefen, Essays und einigen wenigen Tagebuchnotizen stützt. Historische Ereignisse sowie wichtige biographische Daten sind hier unter dem Gesichtspunkt der Entstehung von *Manns* Hauptwerken geordnet.

Es ist merkwürdig, daß von den bisherigen Dokumentationen keine den Weg der großen Biographie gegangen ist. Es war vor fünfzig Jahren, daß *Arthur Eloesser* den ersten größeren biographischen Versuch mit seinem Buch *Thomas Mann. Sein Leben und Werk* (1925) unternahm[20]. Seither hat es nicht an einführenden Untersuchungen gefehlt, jedoch stützt sich keine dieser Untersuchungen auf eine reiche Dokumentation, und es liegt bisher nichts vor, das den großen anglo-amerikanischen Biographien vergleichbar wäre. Die von *Peter de Mendelssohn* verfaßte Biographie *Thomas Manns* war dem Autor bei Redaktionsschluß noch nicht zugänglich.

Das Hauptergebnis der archivalischen Arbeit sind daher bis heute die Editionen von *Manns* Briefen. Zu nennen sind hier neben dem bereits erwähnten Briefwechsel mit *Paul Amann* die dreibändige von *Erika Mann* edierte Ausgabe von Briefen *Thomas Manns*, die die Zeitspanne von 1889 bis 1955 umfaßt[21]. *Hans Wysling* hat 1969 den wichtigen Briefwechsel zwischen *Thomas Mann* und *Heinrich Mann* herausgegeben[22], der besonders wertvolles Material zum Verständnis von *Thomas Manns* Ängsten und Frustrationen in der Zeit vor dem Ersten Weltkrieg liefert. *Anni Carlsson* edierte 1968 *Manns* Briefwechsel mit *Hermann Hesse*[23]. Hier zeigt sich *Mann* zwar meist von seiner bekannten, repräsentativen Seite, jedoch gibt es gelegentlich ein interessantes Sich-Gehenlassen, da *Mann Hesse* als gleichrangig behandelt. Zum deutschen Problem liefern die von *Inge Jens* herausgegebenen Briefe *Thomas Mann an Ernst Bertram* (1960)[24] Hinweise, während geschichtsphilosophische Themen im Briefwechsel zwischen *Mann* und *Karl Kerényi, Gespräche in Briefen* (1960)[25], erscheinen. Ausgezeichnet ist *Peter de Mendelssohns* Editionsarbeit in dem 1973 erschienenen *Briefwechsel mit seinem Verleger Gottfried Bermann Fischer*[26]. Hier läßt sich endlich einmal ein wenig hinter die Kulissen von *Thomas Manns* Erfolg sehen, den dieser nicht zuletzt seinem eigenen kaufmännischen Talent und der Wachsamkeit gegenüber seinem Verleger verdankt. Darauf hat auch *Marcel Reich-Ranicki* in seiner Rezension des Buches hingewiesen:

> So zeigen die Briefe, daß derjenige, der von Robert Musil ein »Großschriftsteller« genannt wurde, zugleich eine Art Großkaufmann war, der seine mitunter komplizierten geschäftlichen Angelegenheiten nüchtern und umsichtig zu überwachen wußte: Streitbar pochte er auf sein Recht, hartnäckig überprüfte er Abrechnungen, stets nach Fehlern und Irrtümern ausspähend. Auch die geringsten Unklarheiten riefen sein nicht immer unbegründetes Mißtrauen hervor.[27]

Daß diese Seite *Thomas Manns* durch die Herausgabe des Briefwechsels dokumentiert worden ist, muß man als eine große Hilfe für die gesamte Beschäftigung mit dem Autor betrachten. Genauigkeit und Mißtrauen in geschäftlichen Dingen lassen auf ähnliche Züge im ›Hauptberuflichen‹, der schriftstellerischen Arbeit schließen, wo man sie bei genauem Hinsehen dann auch bestätigt findet.

Unter den Dokumentationen sind zuletzt noch zwei Werke *Klaus Schröters* aufzuführen: seine in Rowohlts Bildmonographien erschienene Thomas-Mann-Monographie und die 1969 veröffentlichte Sammlung *Thomas Mann im Urteil seiner Zeit 1891–1955*[28]. Während die Monographie nur geringen wissenschaftlichen Wert besitzt und hauptsächlich wegen ihres Bildmaterials erwähnenswert ist, handelt es sich bei der Sammlung von Aussagen über *Thomas Mann* um eine interessante Dokumentation des deutschen Selbstverständnisses in der ersten Hälfte unseres Jahrhunderts. Wenngleich *Schröter* Rezensionen, Polemiken, Memoirenberichte und Feuilletonartikel zum großen Teil nur in Auszügen wiedergibt, hat er doch mit seiner Auswahl wesentliche theoretische Gesichtspunkte berührt.

2.3. Bibliographien

Mit der Darstellung der wichtigsten Bibliographien in diesem Kapitel werden zwei Ziele verfolgt. Erstens wird durch den Hinweis auf die Bibliographien auch dem Laien die Möglichkeit gegeben, sich ein Bild über die ungeheuren Ausmaße zu machen, die die Thomas-Mann-Literatur in den letzten Jahren angenommen hat, und zweitens zeichnen sich in den Gliederungen von Bibliographien oft bemerkenswerte Änderungen in der Literaturwissenschaft ab. Die Standardbibliographie der Primärliteratur hat *Hans Bürgin* unter dem Titel *Das Werk Thomas Manns*[29] zusammengestellt und 1959 veröffentlicht. Die Bibliographie verzeichnet in fünf Teilen chronologisch die Ausgaben *Mannscher* Werke in deutscher Sprache, dann die Gesamtausgaben in deutscher Sprache, wobei allerdings weder die 1960 bei S. Fischer erschienenen *Gesammelten Werke in zwölf Bänden*[30] noch die im selben Verlag in den Jahren 1967 und 1968 herausgebrachte handliche Werkausgabe in 20 Bänden[31] berücksichtigt werden konnte. (Letztere ist besonders wegen ihrer Register zu empfehlen, so u. a. eines Registers der in *Thomas Mann*s essayistischem Werk vorkommenden Namen.) In weiteren Teilen verzeichnet die *Bürginsche* Bibliographie von *Thomas Mann* besorgte Editionen sowie die Übersetzungen seiner Werke und schließlich seine Beiträge zu Zeitungen und Zeitschriften.

Wichtiger für unseren Zusammenhang sind jedoch die zwei großen Bibliographien, die die Sekundärliteratur erfassen. Zuerst zu nennen ist *Klaus Jonas'* Buch *Fifty Years of Thomas Mann Studies*[32], das er 1967 zusammen mit *Ilsedore Jonas* durch einen zweiten Band ergänzt hat[33]. Der erste Band ist trotz seiner Unvollständigkeit auch heute noch hilfreich, weil in ihm sorgfältig zwischen Forschungsgebieten unterschieden wird; z. B. werden Unterteilungen wie »Political and Social Thought«, »Political Writings«, »Philosophical and Religious Outlook«, »Style, Technique and Mode of Treatment« gemacht. Weitere Untergliederungen dieser Abschnitte orientieren sich entweder an den Einzelwerken *Manns* oder summieren thematisch, was die Literaturwissenschaft erarbeitet hat, unter Titeln wie »Bourgeoisie«, »Decadence«, »Disease«, »Mythology«, »Mann's Humanism«, »Mann as a Critic of . . .«. Mit einer derartigen Gestaltung läßt sich die Forschungslage sehr gut übersehen, die Konzentration auf bestimmte Werke *Manns* feststellen und der hermeneutische Stand der Interpretationen einschätzen. Jedoch haben *Klaus* und *Ilsedore Jonas* im zweiten Band der Bibliographie dieses Verfahren zugunsten einer alphabetischen Einteilung aufgegeben und versucht, durch ein Sachregister thematische Referenzen zu geben. Dasselbe geschah auch in der ergänzten deutschen Ausgabe, die unter dem Titel *Die Thomas-Mann-Literatur*, Band I, *Bibliographie der Kritik 1896–1955*, im Jahr 1972 erschienen ist[34]. Hier wurde sogar noch eine weitere Änderung vorgenommen, nämlich die Sekundärliteratur chronologisch nach Jahren verzeichnet, eine Einteilung, die dem an der historischen Entwicklung der Thomas-Mann-

Literatur interessierten Forscher allerdings willkommen ist. Wesentlich umfangreicher als *Jonas'* Bibliographie ist die 1972 im Aufbau Verlag der DDR erschienene Bibliographie *Die Literatur über Thomas Mann. Eine Bibliographie 1898 bis 1969*[35]. Ihre zwei Bände verzeichnen 14 426 Einträge und berücksichtigen besonders die in den bisherigen Teilbibliographien und auch bei *Jonas* stark vernachlässigte Literatur Osteuropas und der Sowjetunion. Sie ist in fünf sorgfältig unterteilte Hauptabschnitte aufgeteilt, so daß man sich leicht über alles Wichtige zur Forschung, zur Biographie, zum Werk, zu Themen und Problemen, die von der Sekundärliteratur berührt wurden, informieren kann. Was über die Beziehungen *Manns* zu einzelnen Literaturen geschrieben worden ist, läßt sich dort ebenso nachschlagen wie Berichte über Archive und Thomas-Mann-Gesellschaften. Dennoch ist diese Bibliographie etwas durch ihre konservative marxistische Literaturbetrachtung behindert, was im Abschnitt »Themen und Probleme« zum Ausdruck kommt, in dem ziemlich phantasielos untergliedert wird; so werden z. B. Form, Technik, Aufbau in einen Abschnitt gedrängt, oder es finden sich im Unterabschnitt »Geschichte« nicht mehr als drei Einträge. Hinsichtlich des zuletzt genannten Punkts stellt sie gleichwohl noch einen Fortschritt gegenüber *Jonas'* Bibliographie dar, in der Geschichte als Thema nicht einmal im Sachregister erscheint.

2.4. Ausblick und Analyse

Es läßt sich aus dieser kurzen Übersicht bereits einige Einsicht in die Thomas-Mann-Forschung gewinnen, die auch durch die folgenden Einzelanalysen bestätigt werden wird: Mit großem Eifer und Fleiß sind besonders während der letzten zwanzig Jahre unglaubliche Materialmengen gesammelt und geordnet worden. Thomas-Mann-Gesellschaften, private Sammler und öffentliche Archive haben bisher ausgezeichnete

Dokumentationen ermöglicht, die sich in den Editionen von *Manns* Korrespondenzen, in Bibliographien und Dokumentationssammlungen wie der *Schröters* niedergeschlagen haben. Der an *Thomas Mann* und seinem Werk interessierte Wissenschaftler braucht heute nicht mehr einen großen Teil seiner Zeit mit langwierigen Nachforschungen zuzubringen, um über ein bestimmtes Problem auf dem neuesten Forschungsstand zu sein. Dennoch muß man *Herbert Lehnert* zustimmen, wenn er sagt: »Eine große Anzahl neuer Fakten ist zu verarbeiten, nicht bloß zu sammeln.«[36] Es ist bereits darauf hingewiesen worden, daß eine wissenschaftlich brauchbare Thomas-Mann-Biographie erst jetzt zu erwarten ist. Die Gründe dafür liegen teilweise in der Lage der Dokumentation selbst. Zum großen Teil liegen sie aber auch in der Lage der Forschung, die das gesammelte Material im Augenblick nur dazu benützt, um einerseits Klarheit in Textfragen zu schaffen und andererseits weitere Editionen *Mannscher* Selbstaussagen vorzubereiten. Neue Anstöße könnten hier eventuell von der Fertigstellung eines anderen größeren Forschungsprojekts kommen, das *Robert Godfrey Porter* in seiner Dissertation, *The Preparation of Biographical and Thematic Data for a Computerized Index to the Non-Fiction of Thomas Mann*[37] umrissen hat. Eine wirklich durchgehende Indizierung der Topoi und Symbole in *Manns* Werk könnte einen entscheidenden Beitrag zur Wiederbelebung der Thomas-Mann-Interpretationen liefern, die sich momentan zum großen Teil an Fragestellungen orientieren, welche *Manns* eigenes Werk schon vor vierzig Jahren hinter sich gelassen hatte. Zugleich wäre dann allerdings auch die Indizierung des erzählerischen Werks wünschenswert, ein Vorhaben, das allerdings von der Einsicht ausgehen müßte, daß ein Index wichtiger Symbole des erzählerischen Werks nicht nur literaturkritischen Wert haben darf.

3. Thomas Mann und die zeitgenössische Kritik

Die Urteile der Zeitgenossen über *Thomas Mann*, seine literarischen Werke und seine Meinungen sind selbst Dokumente eines sich verändernden Selbstverständnisses. *Klaus Schröter* sieht das sehr richtig, wenn er in der Einleitung zu *Thomas Mann im Urteil seiner Zeit* schreibt:

> Der Querschnitt durch die wechselnden Urteile, die Thomas Mann hervorgerufen hat, umfaßt die ganze Skala sich wandelnder Wertsetzungen, die in diesem Jahrhundert durchlaufen worden ist. Nicht nur innerhalb des engen literarisch-ästhetischen Umkreises. Die Bezüge weisen von Anfang an in den Bereich der Kultur- und Zeitgeschichte, seit dem Ausbruch des Ersten Weltkrieges in die Politik und die sozialen Probleme der Zeit, bis endlich, seit den vierziger Jahren, in weltgeschichtlichem Rahmen die Frage nach Deutschlands politischer und kultureller Stellung erörtert wird, wann immer die Erscheinung Thomas Manns ins Blickfeld tritt.[38]

Es geht also hier nicht um Literaturgeschichte im engen Sinn, um Einordnung in gewisse Stilrichtungen oder literarische Gruppen, sondern darum, wie Literatur Geschichte macht, indem sie unter bestimmten gesellschaftlichen und historischen Umständen zur ›Stellungnahme‹ aufruft. Die häufige Vermischung des ästhetischen mit dem politischen Urteil ist dabei selbst wieder ein Symptom für andere Phänomene, ist gerade im Fall *Thomas Manns* auch die Resonanz auf *Manns* eigene Verschränkung von literarischer Analyse und politischer Stellungnahme.

Klaus Jonas' chronologisch angelegte Bibliographie zur Sekundärliteratur über *Thomas Mann* liefert uns einige interessante Daten, die zur Vervollständigung des dokumentarischen Bildes nützlich sind. Als erste Besprechung eines *Mannschen* Werks findet sich 1896 eine Rezension der Erzählung *Der kleine Herr Friedemann* durch *Richard Schaukal* in der Zeitschrift *Die Gesellschaft*[39]. Danach erscheinen erst wieder 1901 Stellungnahmen zum Werk *Manns*, nämlich ganze fünf, von denen vier dem eben erschienenen Roman *Buddenbrooks* gewidmet sind, während die fünfte eine Dichterlesung *Manns* im Münchner Akademisch-dramatischen Verein bespricht. Im Jahre 1902 verstärkt sich dann die Reaktion auf *Buddenbrooks* und findet in zehn Artikeln ihren Niederschlag, wobei nun zu bemerken ist, daß sowohl Tageszeitungen als auch Buchanzeiger und literarische Zeitschriften wie die *Insel* vertreten sind und unter den Rezensenten Namen wie *Franz Blei* und *Rilke*[40] vorkommen. 1903, im Erscheinungsjahr des Erzählbandes *Tristan*, erhöht sich die Zahl der Kritiken auf mehr als das Doppelte – insgesamt vierundzwanzig –, was nicht verwundert, wenn man bedenkt, daß dieser Erzählband neben der Titelerzählung auch den *Tonio Kröger* enthielt. Unter den Rezensionsorganen befinden sich bereits ausländische Zeitschriften wie *Times Literary Supplement*. Die nächsten Jahre sichern *Thomas Mann* einen steten Fluß von jährlich etwa fünfzehn Artikeln, der im Jahr 1908 wieder auf vier zurückgeht – darunter ein französischer –, bis dann *Königliche Hoheit* 1909 schon zweiunddreißig Artikel hervorruft. Im letzten Vorkriegsjahr 1913 scheint der solide Ruhm des Dichters mit fünfzig Besprechungen etabliert zu sein, für die Solidität bürgen auch Namen wie *Julius Bab, Hermann Broch, Bruno Frank, D. H. Lawrence, Georg Lukács* und *Carl Schmitt*[41].

Dem Charakter der Rezension entsprechend ging es bei dem meisten, was über *Mann* vor 1914 geschrieben wurde, um die

Beurteilung eines Einzelwerks, und dem Charakter *Mannscher* Werke entsprechend wurden größere politische Themen nur selten angeschnitten. Dies geschah nur in der sehr vereinzelten polemischen Literatur. Man kann die Reaktion auf das *Mannsche* Werk in der Friedenszeit des Wilhelminischen Reichs ziemlich leicht auf einen Nenner bringen, indem man feststellt: Der Gesamteindruck, den *Mann* machte, war gut, er unterschied sich einerseits wohltuend von der allgemeinen Wilhelminischen Kraftmeierei, attackierte andererseits die Obrigkeit nicht und schrieb einen schönen Stil. Die spezifischen Elemente des *Mannschen* Schaffens wurden im allgemeinen nur von wenigen gesehen, für die hier stellvertretend aus *Kurt Martens'* Rezension der *Buddenbrooks* aus dem Jahr 1901 zitiert werden soll.

> Zunächst beobachtet er mit unermüdlichem Fleiße; je unscheinbarer die Züge, desto bezeichnender werden sie ihm. Die Linien des lokalen Hintergrundes, die von den sogenannten Heimatkünstlern gern dick und ohne Perspektive aufgetragen werden, zeichnet er klar, doch stets diskret; sie verstehen sich für ihn von selbst. Viel wichtiger sind ihm die Seelen der Menschen und ihre Beziehungen zu ewigen Gesetzen, zu den Rätseln von Werden und Vergehen. (. . . .) Die Menschen charakterisiert er nicht sowohl durch Analyse ihrer Natur oder ihrer Willensimpulse als vielmehr induktiv durch eine Reihe immer markanterer Einzelzüge, etwa kleiner Tagesbedürfnisse, Angewohnheiten, stereotyper Redensarten, derart, daß auch der Blick des Lesers von außen her allmählich immer tiefer nach innen dringt.[42]

Ähnlich urteilten auch *Otto Grautoff* und *Richard Schaukal* 1903 nach dem Erscheinen der »Tristan«-Erzählungen. Attribute wie »sicherer, geistreicher Stil« (*Grautoff*)[43], »eminent musikalisch«, »innige Ironie« (*Schaukal*)[44], »intellektuelle und jünglinghafte Männlichkeit« (*Samuel Lublinski*)[45] fanden sich überall dort, wo man *Thomas Mann* gewogen war. Wo man es nicht war, dort wurden allerdings andere Töne angeschlagen.

Hatte *Thomas Mann* sich nämlich in seinen ersten Erzählungen und den *Buddenbrooks* auf die Analyse des Bürgertums beschränkt, so gab er 1909 in *Königliche Hoheit* eine Analyse seines eigenen Aristokratismusverständnisses, und dies nun mißfiel nicht etwa der Aristokratie, sondern gewissen Richtungen im Bürgertum so sehr, daß der Journalist *Otto Schmidt-Gibichenfels* am 14. November 1909 in der *Deutschen Tageszeitung* unter dem Titel *Ein Vorkämpfer für jüdische Rassenpolitik* folgende Stellungnahme veröffentlichte:

> Der **Leitartikel** und das Feuilleton genügen aber anscheinend den Juden noch nicht, um alle ihre Kuckuckseier unterzubringen. Auch der Roman in Buchform (sic!) muß dazu herhalten. Hier hat es sich u. a. Thomas Mann offenbar zur Aufgabe gemacht, die jüdische Rassepolitik unter den deutschen Romanlesern und, was sehr wichtig ist, Romanleserinnen wirksam zu machen. Diese Politik nimmt die **reine** Rasse, und, wo diese durch zu lange Inzucht usw. gelitten hat, die **plan**volle Rassen-**Mischung** für sich allein in Anspruch, empfiehlt dagegen den Wirtsvölkern, wie man weiter unten sehen wird, den möglichst plan- und ziellosen Mischmasch.[46]

In *Buddenbrooks* habe *Mann* dem deutschen Lesepublikum »soweit es noch harmlos ist«, »vorzuschwindeln« versucht, »wie eine alte, durch Inzucht, Wohlleben und lang andauernde Stadtkultur körperlich und seelisch heruntergekommene deutsche Kaufmannsfamilie nur dadurch wieder und zwar nicht bloß wirtschaftlich, sondern auch rassenhaft in die Höhe kommt, *daß sie in eine jüdische Familie hineinheiratet*«[47]. Nun habe sich *Mann* in *Königliche Hoheit* auch »unsere deutschen Fürsten vorgenommen«[48]. Es werde von *Thomas Mann* und seiner »Gesinnungsgenossin«, *Gabriele Reuter*[49], »auch hier wieder der Schwindel versucht, eine über-alte, entartete deutsche Fürstenfamilie könnte nicht nur vom volkswirtschaftlichen, sondern auch vom Rassenstandpunkte aus nichts Besseres tun, als eine Dollarprinzessin mit viererlei Blut – es kann auch dreierlei oder zweierlei Blut sein – zu heiraten«[50]. *Schmidt-Gibichenfels'* Artikel verdeutlicht mit einem Schlag die Situation, in der *Thomas Manns* ruhiger, solider Vorkriegsruhm entstanden war. Dieser Ruhm war der eines Künstlers unter künstlerisch gesinnten Bürgern, und *Thomas*

Mann selbst hatte viel dazu beigetragen, daß es so war. Eine genaue Analyse der Symbolik seiner Vorkriegserzählungen kann nachweisen, daß die verfeinerte, psychologische Sehweise, mit der er die bürgerliche Welt zerlegte und dem künstlerischen Ethos unterordnete, keineswegs die politischen und historischen Existenzbereiche aussparte, sondern dieselben stillschweigend unter die Künstler-Bürgerproblematik subsumierte. Kritiker, die *Manns* Werke damals lobend rezensierten, schwiegen über deren historische und gesellschaftliche Bezüge. Daher sind es die wenigen Aussagen von *Manns* Gegnern, die, wenn auch in ideologischer Verzerrung, zumindest andeutungsweise erhellen, daß *Mann* weit mehr über die deutsche Öffentlichkeit sagte, als er damals zuzugeben bereit war.

In unfreiwilliger Komik erscheint dieser Tatbestand in jenen Zeitungsinseraten, die *Thomas Manns* Onkel *Friedrich Mann* im Jahre 1913 nach zwölf Jahren ergrimmter Hilflosigkeit, angesichts der Enthüllungen über die Familie *Mann* in *Buddenbrooks*, in drei deutschen Tageszeitungen aufgab:

Es sind mir im Laufe der letzten 12 Jahre durch die Herausgabe der

»Buddenbrooks«,

verfaßt von meinem Neffen, Herrn **Thomas Mann** in München, dermaßen viele Unannehmlichkeiten erwachsen, die von den traurigsten Konsequenzen für mich waren, zu welchen jetzt noch die Herausgabe des Albert'schen Buches »**Thomas Mann** und **seine Pflicht**« tritt.
Ich sehe mich deshalb veranlaßt, mich an das lesende Publikum Lübecks zu wenden und dasselbe zu bitten, das oben erwähnte Buch gebührend einzuschätzen.
Wenn der Verfasser der »Buddenbrooks« in karikierender Weise seine allernächsten Verwandten in den Schmutz zieht und deren Lebensschicksale eklatant preisgibt, so wird jeder rechtdenkende Mensch finden, daß dieses verwerflich ist. Ein trauriger Vogel, der sein eigenes Nest beschmutzt.

Friedrich Mann, Hamburg.[51]

Es geht in diesem Zeugnis gekränkter Verwandtenehre um das Problem der Öffentlichkeit. Der besonders in Deutschland kultivierte Gegensatz von Öffentlichkeit und Privatheit beruhte auf dem Selbstverständnis des Bürgertums im 18. und 19. Jahrhundert, der Privatisierung der Familiengemeinschaft in strikter Abtrennung von der Öffentlichkeit, wie das *Habermas* in seinem *Strukturwandel der Öffentlichkeit*[52] nachgewiesen hat. Damit ist zugleich aber der weitaus größte Teil des menschlichen Erfahrungsbereichs der Öffentlichkeit entzogen. Natürlich verschwindet die Öffentlichkeit deswegen nicht, sondern wird in den Institutionen des Staates beibehalten, aber diese Institutionen haben keine andere Aufgabe, als die Privatheit menschlicher Existenz zu schützen und so jenen Zustand zu garantieren, den *Mann* später mit dem treffenden Terminus »machtgeschützte Innerlichkeit«[53] belegte. Gleichzeitig wächst jedoch bei einzelnen Privatleuten das Bedürfnis, ihre »Intimsphäre« der Öffentlichkeit zu enthüllen[54], und als eine solche Enthüllung erschienen dem Onkel *Friedrich* und seinen Mitbürgern auch *Thomas Manns Buddenbrooks*. Darüber glaubten sie, sich zu Recht entrüsten zu dürfen. Daß *Mann* aber in den *Buddenbrooks* wie in den folgenden Werken eben keine ›Enthüllungen‹ der ›Intimsphäre‹ bot, sondern die Intimsphäre schlechtweg zur Öffentlichkeit erklärte, wurde nicht verstanden, wohl aber geahnt von denen, die mit solcher Vehemenz gegen ihn zu Felde zogen, wie z. B. *Otto Schmidt-Gibichenfels,* der als völkisch-rassistischer Ideologe das Bürgerkleid bereits abgestreift hatte und ganz in der Manier der Nationalsozialisten in der scheinbaren Privatwelt *Thomas Manns* höchst öffentliche und politische Skandale witterte.

Damit kann also der stille, solide Ruhm des Psychologen der bürgerlichen Intimsphäre *Thomas Mann* in der Wilhelminischen Vorkriegszeit als das gesehen werden, was er war: nämlich als die Anerkennung eines Privatmannes durch andere Privatleute im Rahmen einer Ersatzöffentlichkeit, geschaffen von denen, die in seinen Werken eigene Erfahrungen wiederentdeckten. Die Aristokratie als Trägerin der staatlichen Öffentlichkeit in Deutschland brauchte von *Mann* keine Notiz zu nehmen, und sie beschäftigte sich auch nicht weiter mit *Manns* eigenwilliger Aristokratismus-Interpretation in *Königliche Hoheit,* sondern ließ sich ruhig von bürgerlichen Rasse-Ideologen wie *Schmidt-Gibichenfels* verteidigen.

3.2. Kontroverse, Repräsentanz und Exodus

Diese Situation schien sich mit dem Kriegsausbruch im Jahre 1914 radikal zu verändern, zumindest in den Augen *Thomas Manns.* Er stimmte zwar nicht unmittelbar in den allgemeinen Jubel ein, glaubte aber doch, daß der Krieg die vom bürgerlichen Künstler zuvor aufgedeckten Erfahrungsbereiche nun ins Bewußtsein des ganzen deutschen Volkes gebracht habe. Nur so erklärt sich, daß er sein erzählerisches Werk sofort liegenließ und in *Gedanken im Kriege* (1914), *Friedrich und die große Koalition* (1915) und endlich in *Betrachtungen eines Unpolitischen* (1918) seine persönliche Auseinandersetzung mit den neuen Gegebenheiten als repräsentative Aussage des alten deutschen Bürgertums zu gestalten versuchte. Beim Durchsehen der Beiträge zu *Thomas Mann* zwischen 1914 und 1918 kann man allerdings keine Reaktion dieses Bürgertums feststellen. Es gab sie nicht. Wer sich mit *Mann* in jenen Jahren überhaupt beschäftigte, war die innerdeutsche Opposition der Intellektuellen, geführt von *Wilhelm Herzog, Heinrich Mann, Julius Bab* und *Kurt Hiller.* Aus konservativen Kreisen dagegen kam nichts als ein kurzes Rumoren gegen die angebliche Herabsetzung *Friedrichs des Großen* in *Manns* Essay, der dort als zwergenhafter Dämon dargestellt wird, dessen chthonischer Willenskraft es aber gelingt, eine neue Machtwirklichkeit zu schaffen.

Ein Echo gab es also nur unter denjenigen, die wie *Heinrich Mann, René Schickele* und *Kurt Hiller* vom Krieg die Demokratisierung Deutschlands nach westlichem Muster erhofften. Es war keine lobende, aber immerhin eine verstehende Reaktion, die *Kurt Hiller* 1917 nach der Vorveröffentlichung eines

Kapitels aus den *Betrachtungen* in dem Satz zusammenfaßte:

> Der Essay Thomas Manns ist ein Pogrom gegen den Geist. Solch
> Verbrechen schreit nach Sühne. Als parteiischer Richter lehne ich
> es ab, das Todesurteil zu fällen; als unparteiischer würde ich den
> mildernden Umstand zu berücksichtigen haben, daß hier der
> Geist mit geistiger Waffe gemordet ward; — oder sollte das ein
> strafverschärfender Umstand sein?[55]

Ein Echo kam auch, obwohl durch die Kriegsumstände sehr
vereinzelt, aus dem Ausland. *Romain Rolland* beurteilte bereits 1915 in seinem Buch *Au-dessus de la mêlée*[56] *Thomas
Manns Gedanken im Kriege*, in Schweden und der Schweiz
wurde über *Manns* Haltung geschrieben, und sofort nach
Kriegsende erschien in *Times Literary Supplement* eine Besprechung der soeben veröffentlichten *Betrachtungen eines
Unpolitischen* unter dem Titel: *Germany against Civilization*[57]. Denn man hatte ja im Ausland *Manns* Erzählungen
bereits vor dem Krieg gelesen und ihnen eine Sympathie entgegengebracht, die *Mann* selbst sehr schätzte. Sogar in den
Betrachtungen betonte er immer wieder das europäische Element in seinem Schaffen, er fühlte sich geehrt, daß *Romain
Rolland* sich mit ihm auseinandersetzte, und sprach vom
Weltkrieg als einem »europäischen *Bruderzwist*«[58]. Man kann
daher sagen, daß *Thomas Mann* bereits vor dem Krieg – spä-
testens im Krieg – für das Ausland, besonders aber für Frankreich, zum Repräsentanten Deutschlands wurde. Ein geachte-
ter Gegner im Weltkrieg, wuchs er so in die Repräsentations-
rolle hinein, die er dann in der Weimarer Republik für sich
selbst zu beanspruchen begann und später im Kampf gegen
den Nationalsozialismus politisch nützte. *Thomas Manns*
Repräsentanz stützte sich also schon früh auf seine Rezeption
im Ausland, und seine Wirkung dort hat später wesentlich
zu seiner Stellung in der deutschen Öffentlichkeit beigetragen.

Als mit der Veröffentlichung der *Betrachtungen* der Strom
von Urteilen über *Thomas Mann* zum erstenmal große Ausmaße annahm, da zeigte sich sofort, daß die ideologischen

Gruppierungen, welche die neue Republik durchzogen, mit *Thomas Mann* nichts Besseres anzufangen wußten, als ihn entweder zum geistigen Sprecher ihrer jeweiligen Überzeugungen zu machen oder ihn auf den bloßen Verdacht hin, er könnte einer feindlichen Gruppe angehören, zu denunzieren.

1919 noch sah *Alois Dempf* in *Mann* einen potentiellen geistigen Führer der deutschen katholischen Jugend, wie er in einem offenen Brief schrieb:

> Sie haben uns eine Geisteshaltung gezeigt, die in erbitterter Gegnerschaft gegen den aufklärerischen Geist und seine Nützlichkeitsmoral eine so hoch konservative und positive ist, daß wir, katholische Jugend, Sie im Kampfe gegen den modernen Geist ganz als den unsern beanspruchen können. Es überrascht Sie vielleicht zu hören, daß Ihre Auffassung von Moral im Sinne weltüberlegener Geistigkeit, ja fast asketischer Weltflucht, konsequent nur im Katholizismus, speziell im vorthomistischen des ersten Jahrtausends vertreten wird. Ihr Standpunkt ist nur scheinbar negativ, ästhetizistisch und wirklichkeitsfremd, wie Sie ja auch selber nachweisen, und Sie haben in der Tat den wahren Geistesmenschen, den sich selbst Verantwortlichen und echt Moralischen, weniger bloß beschrieben, als durch Ihr Werk gestaltet. Wollen Sie nun uns katholische Jugend, der Sie ein so mächtiger Schützer gegen den radikalen Geist, den sich einzig zukunftsfähig gebärdenden, geworden sind, zur Resignation ermahnen, die Ihnen, dem reifen Künstler, vielleicht erlaubt sein mag?[59]

Solche Gesuche um Führerschaft reflektierten allerdings nicht das Mißtrauen, das *Thomas Mann* sogar jetzt noch aus dem konservativen Lager entgegengebracht wurde. So schrieb *Adolf Bartels* 1922 in der erzkonservativen *Neuen Preußischen (Kreuz-)Zeitung*:

> Nun sehe ich zwar, als Literaturhistoriker, daß der Weg, den Thomas Mann ging, in Deutschland auch gegangen werden mußte – die Entwicklung etwa von Thackeray über Flaubert und die Russen bis zu Jens Peter Jacobsen war auch bei uns notwendig, und Theodor Fontane, übrigens auch ein Mann mit romanischer Blutmischung, gehört ihr ja bereits an – fragt sich nur, ob sich diese Entwicklung gerade auf das moderne Euro-

päertum einstellen mußte, ob sie nicht auch aus deutschem
Geiste möglich war. Und da tritt die Gestalt Wilhelm von
Polenz' vor mich hin, und ich glaube zu vernehmen: »Nein ich
bin kein so großer Stilist wie Thomas Mann, ich habe viel form-
loser geschaffen als er, aber die Hauptsachen habe ich, und er
hat sie nicht: die Kraft des Gefühls, den einfachen deutschen
Sinn, die schlichte innere Wahrheit der Gestaltung.« Ich muß
Polenz recht geben.[60]

Aber mit dieser Aussage von Bartels, daß es in Deutschland
die Hauptsache sei, daß man die »Hauptsache« hat, nämlich
»den einfachen deutschen Sinn«, war es nicht genug; es kam
noch besser:

Die »Betrachtungen eines Unpolitischen« von Thomas Mann
haben deshalb vor allem in nationalen Kreisen Beifall gefunden, weil sie den Typus des »Zivilisationsliteraten« mit seiner
Schwärmerei für die westliche Kultur (eigentlich Zivilisation)
und die Demokratie umreißen und scharf ablehnen. Aber man
soll darüber nicht vergessen, daß Mann sich auch ohne weiteres
zu Bethmann Hollweg bekennt. [...] Da lachen wir andern
denn freilich und nehmen keinen Anstand, Bethmann Hollweg
auch einfach bei dem Typus des Zivilisationsliteraten unterzu-
bringen, wie übrigens auch Thomas Mann selber, trotz seiner
nationalen und konservativen »Velleitäten«. Ja, wir sind so
frei, den Zivilisationsliteraten trotz einer gewissen Neigung der
deutschen Seele zum Kosmopolitismus zuletzt für ein jüdisches
Produkt zu erklären oder meinetwegen für ein Verlegenheits-
produkt der Judengenossen, die an die Judenfrage nicht heran-
wollen. Und da wäre ich denn glücklich wieder, wohin ich mit
meiner Einseitigkeit, wie meine »Freunde« sagen, immer
komme.[61]

Bartels' rabiater Antisemitismus hatte schon 1909 zu einer
Kontroverse mit *Mann* wegen dessen angeblicher jüdischer
Abstammung geführt; im Jahre 1922 konnte sich dieser Antisemitismus nun aber als Konservativismus schlechthin ausge-
ben. Die völkischen und antisemitischen Tendenzen im deutschen Konservativismus hatte *Thomas Mann* schon lange
wahrgenommen und sich mit seinem Vortrag *Von deutscher
Republik*, gehalten am 15. Oktober 1922, beizeiten auf die

Seite der liberalen Demokratie geschlagen[62], selbst wenn er damals auch noch nicht so genau wußte, was liberale Demokratie bedeutete. Der Vortrag wurde noch im gleichen Jahr in Deutschland, der Schweiz und den USA – zum Teil auszugsweise – abgedruckt; 1925 erschien er in französischer Übersetzung. Am selben 15. Oktober 1922 veröffentlichte *Friedrich Hussong* im Berliner *Tag* seinen Artikel *Saulus Mann*, worin das Ereignis dieses Vortrags so geschildert wurde:

> Thomas Mann, der vor vier Jahren ein dickes Buch gegen Zivilisationsliteratur, Pacifisten, Ästhetiker (sic!), Politik, Demokraten und Republikaner geschrieben hat, der damit das Wesentlichste sagte, was die deutsche Geistigkeit bis dahin zu dem Erlebnis und den Erschütterungen des Krieges zu sagen wußte, der sich damit in krassen Widerspruch zu seiner besonderen geistigen Umwelt setzte und zu dem Literatenmilieu, in dem er doch stand – Thomas Mann, der also aus einem weltbürgerlichen Saulus ein nationaler Paulus geworden war, nahm an diesem Abend wieder den Namen Saulus an.[63]

Wie *Hussong* des weiteren dem Vortragenden die *Betrachtungen* entgegenhielt, war ein Paradestück deutscher Sophistik. Zugrunde lag eine nur allzu bekannte Einstellung: Mit Tatsachen, die einem nicht gefallen, braucht man sich als Deutscher nicht ›abzufinden‹, und mit der Wirklichkeit braucht man es überhaupt nicht allzu genau zu nehmen, ebensowenig wie mit der Sprache, die bei *Hussong* folgende Blüten treibt:

> Er [Mann] läßt – absichtlich oder unabsichtlich – sich und uns keine Zeit zu distinguieren dort zwischen Dingen, wie sie hätten sein können und wie sie waren, und hier zwischen den Dingen, wie sie sein sollten und wie sie sind. Er vertauscht und verwechselt Idee und Erscheinung der Dinge, Ideal und Wirklichkeit. Er treibt ein wenig die Fixfertigkeit des Prestidigitateurs, schilt das Gewesene ob seiner unzulänglichen Erscheinung und preist das Neue ob einiger Ideen, die man in seiner Wirklichkeit nicht bemerkt.[64]

Die nicht bemerkte Wirklichkeit zwischen Potentialis und Irrealis, Idee und Erscheinung – hiermit war alles gesagt, was der Deutschnationale zur Republik zu sagen wußte.

Es ist nicht nötig, die weiteren Einzelheiten der nun *Mann* »umschäumenden Politik«[65] und die Reaktionen zu *Manns* Bekenntnis darzulegen; *Kurt Sontheimer* hat dies bereits in *Thomas Mann und die Deutschen* getan und folgendes Resümee gezogen:

> War Thomas Mann durch seine antidemokratischen Ergüsse in den »Betrachtungen« als wertvoller geistiger Gegner der Demokratie geschätzt und verehrt worden von all denen, die mit der neuen Demokratie nichts zu tun haben wollten und ihr auf alle mögliche Weise opponierten, so war er doch mit seiner Rede von Deutscher Republik nun zu deren Feind geworden, denn die Parteiungen, wie sie das damalige politische Leben in Deutschland bestimmten, und die im wesentlichen um die Frage: Für oder gegen die Weimarer Republik? zentriert waren, ließen eine angemessene Würdigung der Rede kaum zu. Ist er für oder gegen uns? das war die Frage. Seit er für die Demokraten eintrat, waren diese überzeugt, daß aus dem »Unpolitischen« ein politisch reifer Mensch geworden war, die Gegner hingegen, die seine »Betrachtungen« als Gipfel deutsch-politischer Weisheit verherrlicht hatten, sahen ihren Thomas Mann von allen guten Geistern verlassen. Er hatte offenbar allen politischen Verstand verloren. Jetzt erst war er in ihren Augen der unpolitische Tor geworden, der dem reinen Gedanken auf irrigen Wegen nachjagt.[66]

Man könnte mit *Sontheimers* treffender Zusammenfassung allerdings auf Grund des dargelegten Materials darüber streiten, ob die *Betrachtungen* wirklich je von den Konservativen als »Gipfel deutsch-politischer Weisheit verherrlicht« worden sind. Es war im Gegenteil doch stets zu großes Mißtrauen gegen *Mann* vorhanden, um derartige Gefühle zu rechtfertigen. Wäre *Mann* der Autor der *Reden an die deutsche Nation* gewesen, man hätte auch darin noch Zweideutigkeiten entdeckt.

Doch mit diesem Schritt in die Politik war *Thomas Mann* nun vollends bekannt, ja berühmt geworden, und er begann jetzt auch zu ›repräsentieren‹, weniger innerhalb Deutschlands, sondern – wie schon bemerkt – vor allem im Ausland. 1922 fuhr er nach Holland, 1923 nach Österreich, 1924 nach England und Holland sowie nach Dänemark, 1925 ging es in den Nahen Osten, er nahm an der »Internationalen Kulturwoche« in Florenz teil, zum Jahreswechsel 1925/26 erfolgte dann die triumphale Reise nach Paris. Die Jahre 1924 und 1925 bedeuteten mit der Vollendung des *Zauberbergs* und dessen Erfolg, den Ehrungen zum fünfzigsten Geburtstag und den Auslandsreisen in der Tat einen Höhepunkt in *Thomas Manns* Leben. Die politische Situation in Deutschland erschien einigermaßen gefestigt, und es sah wohl tatsächlich eine Zeitlang so aus, als ob *Thomas Mann* zu guter Letzt doch noch der deutsche Dichterfürst werden sollte, der eines Tages, als alter mit Orden geschmückter Mann friedlich sein Dasein in München beschließen würde. So hatte *Theodor Lessing* es 1910 in seiner Polemik *Tomi melkt die Moralkuh* vorausgesagt[67]. Daß es nicht so kommen sollte, läßt sich allerdings in jenem Jahr 1925 bereits erkennen. Da nahm der junge *Karl Rauch* Stellung zu einem offenen Brief, den *Josef Ponten* 1924 an *Thomas Mann* gerichtet hatte[68]. Dort waren Thesen über Dichtung und Schriftstellertum aufgestellt worden, die ganz den Charakter völkischer Ästhetik trugen, mit ihrer Verherrlichung der »Dichtung« als »Naturgeisterzeugnis«, »Offenbarung«, »Weltbeseeltheit«, etc. Im Namen der jungen Generation fügte *Karl Rauch* hinzu:

> Es sind Wortmeldungen dieser Art, in denen das aufsteigende deutsche Blut ersten Durchbruch gewinnt gegenüber intellektueller Zivilisation, sichtbar anzuschlagen und fruchtbar sich zu erhalten im Dienste des Kommenden und Sichbereitenden. (...) Wir bekennen uns zu dem Dichter Josef Ponten als den Sprecher der im Kriege erwachten, aufsteigenden deutschen Lebenswelle, in der sich alle einen, die als Knaben in den Strudel des Weltkampfes gerissen, das Leben gewannen, da sie dem Tode begegneten, jene, die die Welt betreten haben an **der** Stelle des Weltgeschehens, da Thomas Manns großer Roman »Der Zauberberg« endet, dieser Roman, der groß ist als Leistung und über dessen Bedeutung zu debattieren uns am letzten ein-

kommt, dessen Größe aber hinter uns liegt als eine vergangene Welt, hinter uns, die wir aus Frankreich, Galizien und Rumänien, aus dem Zusammenbruch des Vorkriegseuropa unsere Welt gewannen, heimbrachten und gestalten wollen.[69]

Hier fielen die entscheidenden Worte, die von nun an immer stärker das Selbstverständnis großer Teile der deutschen Jugend bestimmten, wobei wir *Jugend* nicht unbedingt wörtlich nehmen dürfen, da es als Symbol auch von denen in Anspruch genommen wurde, die in schon gesetzterem Alter der völkischen Radikalkur entgegenfieberten. Hier wurde dem *Zauberberg* Größe bescheinigt, aber eine Größe, die passé ist, die nicht »im Dienste des Kommenden und Sichbereitenden« steht.

Dies darf nun nicht mißverstanden werden. Passé war der Autor des *Zauberbergs* im Jahre 1925 nicht, auch nicht in Deutschland. Im Gegenteil, die meisten Stellungnahmen zu diesem Hauptwerk waren rühmend, freundlich, oft etwas gönnerhaft die Perfektion lobend, mit der dieser Roman komponiert war. Selbst konservative Kritiker hatten es schwer, am *Zauberberg* etwas auszusetzen, und mußten sich daher in die Kritik der »intellektuellen Überlastung« retten, die im *Zauberberg* vorliege[70] und dafür verantwortlich sei, daß vieles »ans blutlos Formelhafte streife«[71].

Dennoch, wie es wirklich um *Thomas Mann* und seinen Ruhm in Deutschland gegen Ende der zwanziger Jahre stand, geht besser aus *Willy Haas' Gespräch mit Heinrich Mann* hervor, das im November 1927 in der *Literarischen Welt* erschien:

[...] Diese einigermaßen persönlichen Bemerkungen [über Tagespolitik] lenkten das Gespräch plötzlich unbeabsichtigt auf das Gebiet des literarischen Métiers. Ich sprach von dem ungeheuren und eigentlich unbegreiflichen Bucherfolg des »Zauberberges«. »Es ist doch« – sagte ich – »ein innerlich durchaus unpopuläres, skeptisches, fast nihilistisches Buch; zwar nicht schwer zu lesen, aber gar nicht leicht zu verdauen. Ich glaube, nicht einmal jeder Hundertste hat es gelesen von den Sechzig- oder Siebzigtausend, die es gekauft haben. Ist das nicht überhaupt das Rätsel des sogenannten ›populären Buches‹, daß es von sehr vielen gekauft, aber von sehr wenigen wirklich gelesen wird?«

»Das glaube ich nicht. Ich erinnere mich an einen kolossalen Bucherfolg in den neunziger Jahren, den ›Rembrandtdeutschen‹. Damals hatte man dasselbe behauptet. Aber es war doch nicht wahr. Jeder hatte es gelesen. Übrigens, was ich an meinem Bruder Thomas bewundere: daß er seine ungeheure Popularität nicht mit Konzessionen erkauft hat. Er ist von seiner angeborenen geistigen Haltung niemals auch nur um einen Millimeter abgewichen . . .«

». . . eine Wahrheit, die doch einen gewissen relativen Optimismus rechtfertigt. Vor zwanzig Jahren hießen die offiziösen Repräsentanten der deutschen Literatur Joseph Lauff und Wildenbruch. Jetzt heißen sie Gerhart Hauptmann und Thomas Mann . . .«

Hier stimmte mir Heinrich Mann vorbehaltlos zu.[72]

War *Willy Haas'* »relativer Optimismus« in der Tat gerechtfertigt? Hatten er und *Heinrich Mann* unrecht, wenn sie *Thomas Mann* zusammen mit *Gerhart Hauptmann* als »offiziöse Repräsentanten« der deutschen Literatur ansahen? Keineswegs! Dies bescheinigten schließlich ja auch solche Versuche der ›Überwindung‹ von *Thomas Mann*, wie wir sie in den Erklärungen von *Ponten* und *Karl Rauch* gesehen haben. Noch heute bestehen *Golo Mann* und *Kurt Sontheimer* darauf, daß der *Zauberberg* »der repräsentativste Roman der Weimarer Republik«[73] ist. Wer also in der Stellung *Thomas Manns* im Kulturleben der Weimarer Republik eine Erklärung dafür sucht, daß es ab 1933 ein solches Kulturleben nicht mehr geben würde und der Name *Mann* danach für viele Jahre in Deutschland ein Tabu bedeuten würde, hat es schwer.

Denn von dieser Stellung erwarteten sich Literaturhistoriker wie *Hans Naumann* geradezu eine Erneuerung der deutschen Wirklichkeit. In der 4. Auflage seiner Literaturgeschichte *Die deutsche Dichtung der Gegenwart* von 1930 schrieb *Naumann*:

> Er ist zu einem Hüter wahrer, wirklicher Kultur und echter voller Humanität geworden wie Gerhart Hauptmann, mit dem er sich – nur daß er stärker und mächtiger eingreift, formuliert

und fordert – in öffentlichen Feiern leicht auf dieser Linie zusammenfindet, er ist zu einem höchsten Siegelbewahrer der Verantwortung und des Gewissens geworden wie Stefan George, dem er an Selbstzucht und edelstem Form- und Kulturwillen gleicht. Und wenn es erlaubt ist auch dieses zu sagen: nicht mehr nur die Gemeinde der Besonderen hört auf sein Wort, sondern auch der weite Umkreis jener, die von Tonio Kröger dereinst noch nicht viel wissen wollten: die Blonden, Blauäugigen und Gewöhnlichen, – Hans Hansen und Inge Holm.[74]

Thomas Mann als Volksdichter, dem auch die Blonden und Blauäugigen zuhören und dessen »Kulturwillen« es gelingen sollte, »wahre und wirkliche Kultur« auch unter den Gewöhnlichen zu etablieren, dies ist die Art von Spekulationen, in denen zur Zeit der Weimarer Republik geistige Repräsentanz und magische Veränderung der Realität durcheinandergebracht wurden.

Wie wenig *Hans Naumanns* spekulative Hoffnung den Tatsachen entsprach, zeigt sich z. B. in der Kontroverse zwischen *Mann* und der *Berliner Nachtausgabe* im Jahr 1928. Die Zeitung hatte *Mann* wegen seines »Kotaus vor Paris« scharf angegriffen, und *Mann* entgegnete mit einem sehr deutlichen offenen Brief, der in *Willy Haas' Literarischer Welt* veröffentlicht wurde[75]. Daraufhin schrieb der Feuilletonchef des *Völkischen Beobachter, Dietrich Loder*:

Wenn wirklich »zwei Erdteile« Thomas Manns Namen »zusammen mit ein paar anderen« denken, wenn sie Deutschland denken – dann Heil Dir, o Thomas Mann, der du größer bist als Goethe, größer als Schopenhauer, als Kant, Schiller, Dürer, Bach und viele, viele andere: Denn diesen ist es so wenig gelungen, ihren Namen auf »zwei Erdteilen« mit dem Namen Deutschlands unlösbar zu verknüpfen (wie du und ein paar andere es vermocht haben), daß diese zwei Erdteile noch vor kurzem in Deutschland nicht das Land dieser Großen, sondern das Land der Hunnen, Barbaren und Sauerkrautfresser sahen. Und ehe mir ein ungeschickter Spötter entgegnen möchte, daß für kulturelle Werte und ihre Pflege nur ein kleiner Kreis in Frage käme, sei er darauf hingewiesen, daß eben dieser kleine Kreis es nie war und nie sein wird, der die Politik seines Landes macht. Woraus sich ergibt, wie recht wir haben, wenn wir den aussichtslosen Versuchen jener Kulturkosmopoliten keinen praktischen Wert beimessen.[76].

In diesen Sätzen zeigt sich, daß die »Blonden, Blauäugigen und Gewöhnlichen« sich nach Repräsentation anderswo umsahen als bei *Thomas Mann*. Es ging ihnen eben nicht, wie *Naumann* fälschlich annahm, um die Erhaltung »wahrer und wirklicher Kultur«. Gerade davon wollten sie ja loskommen. Dies drückte *Curt Hotzel* in der *Standarte* deutlich aus, als er zu derselben Kontroverse Stellung nahm:

> Thomas Mann rechnet seiner Generation nach zu denen, die in Deutschland verspielt haben. Nach den »Betrachtungen eines Unpolitischen« brauchte er geistig nicht zu ihnen zu rechnen. Aber diese Betrachtungen scheinen ihn niemals an den wirklichen Punkt herangeführt zu haben, an die harten unausweichlichen Tatsachen, die **Nietzsche** für unser Jahrhundert als das Jahrhundert des Nationalismus prophezeite: »Die schrecklichen Energien – das, was man das Böse nennt – sind die zyklopischen Wegbereiter der Humanität . . .«[77]

Hotzel irrte freilich mit seiner Annahme, *Mann* sei niemals an »den wirklichen Punkt«, »die harten unausweichlichen Tatsachen« herangekommen. Wie hätte *Mann* sonst im *Doktor Faustus* jene Analyse des Unterschieds zwischen dem *Hotzelschen* Selbstverständnis und seinem eigenen geben können, die lautet:

> Sie hätten sagen mögen: »Unglücklicherweise hat es ganz den Anschein, als wollten die Dinge den und den Lauf nehmen. Folglich muß man sich ins Mittel legen, vor dem Kommenden warnen und das Seine tun, es am Kommen zu hindern.« Was sie aber, sozusagen, sagten, war: »Das kommt, das kommt, und wenn es da ist, wird es uns auf der Höhe des Augenblicks finden. Es ist interessant, es ist sogar gut – ganz einfach dadurch, daß es das Kommende ist, und es zu erkennen ist sowohl der Leistung wie des Vergnügens genug. Es ist nicht unsere Sache, auch noch etwas dagegen zu tun.« – So diese Gelehrten, unterderhand. Es war aber ein Schwindel mit der Freude an der Er-

kenntnis; sie sympathisierten mit dem, was sie erkannten und was sie, ohne diese Sympathie, wohl gar nicht erkannt hätten [...].[78]

Wie *Mann* hier die libidinöse Natur der Zukunftserkenntnis analysiert, zeigt mit größter Schärfe den Gegensatz, in dem er sich nicht nur zu den nationalsozialistischen Aktivisten, sondern auch zu jenen ›erkennenden‹ Gelehrten und Kulturträgern befand, die ihm und *George* »Kulturwillen« bescheinigten. Erkenntnis kommender ›unausweichlicher Tatsachen‹ war eben kein »Vergnügen« für *Mann*.

Sachlich ist nach jenen Polemiken des Jahres 1928 nichts Neues mehr über *Thomas Mann* im nationalsozialistischen Lager gesagt worden. Die Monotonie der Äußerungen seit 1933 bietet der Analyse nichts. Die Gleichsetzung von *Thomas Mann* mit der überlebten Vergangenheit ist stets das Hauptthema nationalsozialistischer Auseinandersetzungen mit *Thomas Mann* geblieben. Anders als im Falle *Georges* hat es daher nie ein wirkliches Interesse im Dritten Reich gegeben, *Thomas Mann* zu den eigenen Dichtern zählen zu können. Nur pragmatische Überlegungen angesichts des Weltruhms des Nobelpreisträgers *Mann* mögen momentane politische Rücksichten auferlegt haben. Der ›Fall Thomas Mann‹ war in Wirklichkeit viel klarer, als dies gelegentlich in Darstellungen über das Verhältnis der Machthaber des Dritten Reichs zu *Mann* erscheint[79].

Ein ausgezeichnetes Zeugnis dafür legen gerade die gemäßigteren Kritiken der noch in Deutschland erschienenen Teile der *Joseph*-Tetralogie ab. Man prüfe die scheinbare Sachlichkeit einer Rezension von *Der junge Joseph*, die 1934 von *Dettmar Heinrich Sarnetzki* in der *Kölnischen Zeitung* erschien:

Wie ich schon bei der Beurteilung des ersten Romans betont habe, ist – trotz aller erheblichen Einwände – die **geistige Leistung** von Thomas Mann als groß und bedeutend zu bezeichnen. Bewundernswert bleibt vor allem das ungeheure Wissen um die vielfältige und sich widersprechende Überlieferung, um die religiösen Dogmen fremder und verschollener Völker, um

die talmudisch-spitzfindige Deutung der Vorgänge in den Erzählungen. Aber dieses Wissen kann das lebendige **Leben** nicht
ersetzen. [...] Das Ganze bleibt eine wesentlich **artistische** Leistung, allerdings von höchstem Rang und letzter Einmaligkeit.
So kann man sich eigentlich nur für oder gegen Thomas Mann
entscheiden – und für eine solche Entscheidung sind die Bücher
um Jaakob und Joseph vorzüglich geeignet –, je nach dem
Standpunkt, was man unter Kunst versteht, ob man große und
größte Formkraft für allein gültig ansieht, oder der heißen
Kraft des Herzens und der intuitiven Eingebung bei entsprechender Formgestalt eine überwiegende Rolle zuweist. So sehr
ich Formkunst schätze: den Ursprung der Dichtung sehe ich in
der magischen Unergründlichkeit der Gefühlswelt, und der
wägende Intellekt hat, sich dem Sinn des Inhalts einschmiegend,
der formende Diener zu sein. Bei Thomas Mann verkenne ich
nicht den zuchtvollen Willen, einem geistigen Ursprung bis in
die tiefste erreichbare Tiefe nachzuspüren und die dunkelsten
Untergründe in Beziehung zu setzen, aber das ist eine verstan-
desmäßige, nicht dichterische Aufgabe; diese heißt, neues schöpferisches Leben zu zeugen aus der Urgewalt einer inneren Bewegung, aus der Glut mitlebender, nicht aus der Kälte distan-
zierender Empfindung. Von diesem Standpunkt aus muß ich
mich gegen Thomas Mann entscheiden.[80]

Das Interessante an dieser Kritik ist, daß sie eben nicht von
einem feurigen Mitarbeiter des *Völkischen Beobachter* oder
der *Standarte* kam, sondern von einem früheren Liberalen.
Die scheinbare Sachlichkeit des Tones dieser Rezension sollte
aber nicht über die Unsachlichkeit ihres Inhalts hinwegtäu-
schen. Die Sprache, die hier der Kritik eines Romans dienen
soll, betreibt ein Spiel mit Gegensätzen, hinter die zu schauen
nicht erlaubt ist, denn das, was hier als Literaturkritik erscheinen soll, hat in Wirklichkeit eine politische Entscheidung
zum Ziel, nämlich, wie der Autor selbst aussagt, die Entscheidung für oder gegen *Thomas Mann*. Hier wird »ungeheures
Wissen um die vielfältige und sich widersprechende Überlieferung« als »geistige Leistung« gelobt, um im Nachsatz dem
»lebendigen *Leben*« gegenübergestellt zu werden, demgegenüber ein solches Wissen als tot erscheinen muß. Die Symbolik
von »lebendig« und »tot« wird weiterhin auf den Gegensatz
von »Form« bzw. »Formkraft« und »heißem Herzens«, d. h.

»der magischen Unergründlichkeit der Gefühlswelt« ausgedehnt. »Glut« steht gegen »Kälte«, »Gefühlswelt« gegen »wägenden Intellekt«. *Thomas Manns* disziplinierte geschichtsphilosophische Meditationen im Josephsroman, die das Ursprungsproblem zum Thema haben, werden als »verstandesmäßig« abgeurteilt. Sie sind nicht »dichterische Aufgabe«, da sie nicht »neues schöpferisches Leben zeugen aus der Urgewalt einer inneren Bewegung«. Soweit diese Symbolik überhaupt Erfahrungsrealität zum Ausdruck bringt, und nicht etwa nur wirklichkeitsfremde Imaginationen, zeigt sie, daß der Kritiker religiöse Erfahrungen in *Manns* Werk sucht, die er dort nicht findet, weil ihm seine eigene existentielle Haltung das Lesen des Werks in Offenheit unmöglich gemacht hat. Die Sprache *Sarnetzkis* hat mit der Sprache *Manns* nichts mehr gemein, da kein gemeinsamer Realitätsbezug existiert. Dennoch glaubt der Kritiker, *Manns* Werk gelesen zu haben und daher zu einer Entscheidung berechtigt zu sein.

Aber es ist gerade das Symbol der ›Entscheidung‹, an dem im folgenden die Unüberbrückbarkeit des Abgrundes sichtbar wird, der sich zwischen *Thomas Mann* und seinen deutschen Kritikern aufgetan hatte und der auch nach 1945 nicht so bald überwunden wurde. Denn las man im Ausland *Thomas Mann* als klassischen Analytiker der Zeit, dessen Analysen man zwar nicht immer ganz folgen konnte, die man aber doch als solche erkannte, so lag das Problem in Deutschland ganz anders. Dort war es die Tatsache der Analyse selbst, die kritisiert wurde. Wer analysiert, der kann nicht handeln, der kann als Dichter eben nicht »retten« – wie das sogar der Schweizer *Muschg* in seiner *Tragischen Literaturgeschichte* ausdrückte[81].

Man stößt also bei der Untersuchung dieser Rezension von 1934 bereits auf das Problem, das nach 1945 zur großen Kontroverse um *Thomas Mann* führte, nämlich das der ›inneren‹ und der ›äußeren‹ Emigration. Worum es nach 1945 ging, hat *Max von Brück* im Jahre 1949 rückblickend treffend formuliert:

Nach 1945 glaubten viele, er werde über den Ozean eilend Schafe wie Wölfe unter einen blauen Mantel schlagen. Sie waren bestürzt, die Schafe und die Wölfe, als sie nicht die Worte eines Heilsbringers, sondern eines tief Gereizten, Zornmutigen, Schwankenden vernahmen oder lasen, der mit den Rutenstreichen seiner Rede die zur Rechten wie die zur Linken schlug. Es galt einzusehen, daß der Schriftsteller kein Heilsbringer ist; daß er, selbst wenn er wollte, ein verpfuschtes Geschehen in seinen Folgen nicht aufheben kann. Die jahrelang die politische Kraft des Wortes so furchtbar unterschätzten, haben sie nun auf einmal furchtbar überschätzt.[82]

Max von Brücks Darstellung des Problems ist einer jener wenigen gelungenen Versuche aus jener Zeit, zu verstehen, was zwischen *Thomas Mann* und den Deutschen vorgefallen war. Bis auf den letzten Satz läßt sich ihr zustimmen; dort müßte man sagen, daß die politische Kraft des Wortes von vielen schon seit langem überschätzt worden war.
Für die sogenannte ›innere Emigration‹ ergriff *Walter von Molo* in seinem bekannten offenen Brief vom 13. August 1945 das Wort. Er stellte an *Thomas Mann* damals das Ersuchen:

> Kommen Sie bald wie ein guter Arzt, der nicht nur die Wirkung sieht, sondern die Ursache der Krankheit sucht und diese vornehmlich zu beheben bemüht ist, der allerdings auch weiß, daß chirurgische Eingriffe nötig sind, vor allem bei den zahlreichen, die einmal Wert darauf gelegt haben, geistig genannt zu werden (...).[83]

Hinter diesem medizinischen Vokabular und seiner Selbstkritik verbirgt sich zunächst nur ungenaues Denken. Bei genauem Hinsehen erkennt man aber, daß hier *Thomas Mann* genau erklärt wird, was er als Arzt zu tun habe: die Krankheits-Symptome dürfen nicht zu sehr erwähnt werden, eine Diagnose darf gestellt werden, aber genaue Analyse ist wiederum nicht erlaubt, denn der Therapie im klassischen pädagogischen Sinn, die sie fordern würde, wird der raschere »chirurgische Eingriff« vorgezogen. Es ist eine harte Einsicht, wenn man sich angesichts dieser Formulierungen an ähnliche Erwartungen erinnert fühlt, die 1933 an *Adolf Hitler* geknüpft wurden. 1945 richteten nun die »Geistigen« solche Erwartungen an einen Schriftsteller.

Manns Antwort »Warum ich nicht nach Deutschland zurückgehe« zeigte, daß er diese neue Art der magischen Spekulationen nicht zur Kenntnis nahm. Er sprach schlicht davon, daß »Rat und Tat« ziemlich »teuer« seien in Deutschland[84] und er in seinem Alter nicht viel dazu beitragen könne, »die Menschen aus ihrer tiefen Gebeugtheit aufzurichten«[85]. Von Heilung schrieb *Mann* mit keinem Wort.

Dies war der Anlaß, der zur Diskussion des Emigrations-Problems führte; *Frank Thieß* setzte sie in Gang:

> Auch ich bin oft gefragt worden, warum ich nicht emigriert sei, und konnte immer nur dasselbe antworten: Falls es mir gelänge, diese schauerliche Epoche (über deren Dauer wir uns allerdings getäuscht hatten) lebendig zu überstehen, würde ich derart viel für meine geistige und menschliche Entwicklung gewonnen haben, daß ich reicher an Wissen und Erleben daraus hervorginge, als wenn ich aus den Logen und Parterreplätzen des Auslands der deutschen Tragödie zuschaute.[86]

Das Dritte Reich als »inneres Erlebnis« und zugleich als Tragödie im Schauspielhaus: Wer mitspielt, ist »reicher an Wissen und Erleben«, und wer emigriert, hat dieses Wissen nicht. Klarer konnte der nazistische Mythos von der Volksgemeinschaft nicht beschrieben werden. *Thieß'* Formulierungen verraten implizit das Grundproblem deutschen Denkens über Bewußtsein und Erkenntnis, das *Mann* im *Doktor Faustus* explizit dargestellt hat: Angestrebt wird eine Erkenntnis, die auf gesteigertem Erleben basiert, erkauft durch den Blutvertrag. Abgelehnt wird Erkenntnis, die das Ergebnis eines rationalen Bewußtseinsprozesses ist, analytisch den Fragen nach Ursachen und Gründen folgend. Im Bild von den »Logen und Parterreplätzen« wird die Möglichkeit jeder Analyse geleugnet, die nicht zugleich existentielle Selbstaufgabe ist.

Es soll mit diesen Beispielen keineswegs gesagt werden, daß es zwischen 1945 und *Thomas Manns* Tod in Deutschland an freundlicher Zustimmung für *Mann* gefehlt hätte. Es geht hier jedoch nicht um moralische Wertung; vielmehr soll gezeigt werden, warum im Grunde eine ›Aussöhnung‹ zwischen Deutschland und *Thomas Mann* nie stattgefunden hat. Wie schon eingangs à propos von *Bernhard Blumes* Forschungsbericht angedeutet wurde, sind weder *Walter von Molo* noch *Frank Thieß* Ausnahmeerscheinungen gewesen. Dies hat auch *Friedrich Sieburg* in seinem 1949 geschriebenen Essay *Frieden mit Thomas Mann* ausdrücklich festgestellt:

> Die Auseinandersetzung zwischen Deutschland und Thomas Mann – hier stock' ich schon, denn es ist doch höchst fraglich, ob es wirklich eine Auseinandersetzung ist. Ist es nicht vielmehr ein Wechselspiel von Rufen ins Leere, bei dem der Dichter nicht mehr und Deutschland noch nicht die rechten Worte findet?[87]

Darüber, daß es sich um keine Auseinandersetzung handelte, läßt sich mit *Sieburg* nicht streiten. Doch das Bild vom Wechselspiel der Rufe ins Leere entspricht nicht dem wahren Sachverhalt. Es war eher so, daß jeder, der rief, bei *Thomas Mann* eine Antwort fand, nur gefielen die Antworten meist nicht, und oft wurden sie gar nicht verstanden. Dies war umgekehrt auch bei *Thomas Mann* der Fall. Er und Deutschland hatten sich nichts mehr zu sagen. *Sieburgs* weitere Erörterungen machen dies noch deutlicher:

> Denn er hat stets nur für Deutsche geschrieben, ob er wollte oder nicht, und wird immer nur von Deutschen verstanden werden. Sein Werk ist die größte kulturkritische Leistung, die der deutsche Geist hervorgebracht hat. Ja man kann sagen, daß ein Schriftsteller seiner Art nie wieder kommen wird. Denn der große Roman, der zugleich eine Kulturanalyse darstellt, ist unsere Sache nicht und wird es nie sein.[88]

Hier wird in einem Satz Lob gespendet und im selben Satz wieder zurückgenommen. Was *Thomas Mann* gemacht hat, »ist unsere Sache nicht«, aber dennoch wird *Mann* »nur von Deutschen verstanden werden«. Inwieweit dieses Verstehen nach *Thomas Manns* Tod begonnen hat, soll u. a. die Besprechung der Thomas-Mann-Literatur in den folgenden Abschnitten zeigen.

4. Literaturwissenschaftliche Untersuchungen

4.1. Gesamtdarstellungen und Einführungen

Einführungen zu *Thomas Mann* findet man in jeder Literaturgeschichte. Bereits *Albert Soergel* widmete 1911 in *Dichtung und Dichter der Zeit* elf Seiten der Besprechung von *Mann* und seinem Werk[89]. Seither gehörte die Behandlung von *Thomas Mann* zum Repertoire der Literaturgeschichtsschreibung, gleichgültig, wie der jeweilige Literaturgeschichtsschreiber zu *Manns* Werk steht. *Klaus Schröter* bemerkt im Nachwort zu seiner Dokumentation, daß »die Frage nach Thomas Manns literarischem Rang« »sehr früh günstig von der Kritik beantwortet worden« sei[90]. Diesen Sachverhalt reflektieren auch die meisten Literaturgeschichten; andererseits zeigen sie jedoch, daß kaum versucht wurde, *Mann* unter seinen literarischen Zeitgenossen einen bestimmten Rang zu verleihen oder gar Vergleiche mit anderen Dichtern und ihren Werken zu ziehen. Dies trifft besonders auf Darstellungen zu, die von deutschen Literarhistorikern stammen. Eine Ausnahme bildet *Hans Naumanns* Besprechung in *Die Deutsche Dichtung der Gegenwart* (1930), wo *Mann* stilistisch mit *Ricarda Huch* und *Arthur Schnitzler* verglichen und im kulturellen Rang neben *Gerhart Hauptmann* und *Stefan George* gestellt wurde[91]. In neueren deutschen Literaturgeschichten werden solche Versuche nicht gemacht. Allenfalls sieht noch *Walter Jens* in seinem 1957 erschienenen Buch *Statt einer Literaturgeschichte*[92] *Mann* zusammen mit den großen Namen der modernen Literatur. Aber weder *Käte Hamburgers* Artikel in *Kunischs Handbuch der deutschen Gegenwartsliteratur*[93] noch *Helmut Koopmanns* Beitrag zu *Benno von Wieses Deut-*

sche Dichter der Moderne[94] bemühen sich um eine derartige Einordnung.

Selbst wenn man einer Einordnung aus theoretischen Gründen skeptisch gegenübersteht, so ist doch ihr völliges Fehlen im Fall *Manns* bemerkenswert, zumal gerade bei einführenden Gesamtdarstellungen die Behandlung von *Mann* ohne den literarischen Hintergrund wenig zur Klärung seiner Bedeutung beiträgt. Aus diesem Grund ist eine Diskussion solch einführender Darstellungen hier nicht weiter erforderlich. Selbst Werke wie *Ferdinand Lion, Thomas Mann. Leben und Werk* (1947)[95], *Hermann Stresau, Thomas Mann und sein Werk* (1963)[96], *Walter A. Berendsohn, Thomas Mann. Künstler und Kämpfer in bewegter Zeit* (1965)[97], oder *Roman Karst, Thomas Mann oder der deutsche Zwiespalt*[98] begnügen sich damit, *Thomas Mann* als eine von ihrem intellektuellen Kontext losgelöste Erscheinung zu zeichnen.

Gegenüber Darstellungen dieser Art nimmt *Erich Hellers* Buch *Thomas Mann. Der ironische Deutsche* (1959)[99] eine Sonderstellung ein. *Herbert Lehnert* klagt zwar, daß *Hellers* Buch, »trotz seines Ruhmes, zur Interpretation *Thomas Manns* wenig beiträgt«[100], aber diesem Urteil läßt sich nur bedingt zustimmen. An *Hellers* kritischen Interpretationen der Werke läßt sich in der Tat im einzelnen vieles kritisieren, aber er zeigt immerhin, daß der Erfahrungshintergrund des europäischen 19. Jahrhunderts dem jungen *Thomas Mann* vertraut und bewußt war. *Schopenhauer* und *Nietzsche,* die französischen und die russischen Romanciers sind mit den von ihnen bearbeiteten Erfahrungen und Problemen *Thomas Mann* unmittelbar präsent. *Heller* versucht zu zeigen, daß bestimmte Probleme zu bestimmten Zeiten unabhängig von geographischen und gesellschaftlichen Grenzen an die Oberfläche treten. So erklärte er auch *Thomas Manns* Konservativismus zur Zeit des Ersten Weltkrieges nicht nur als Antwort auf die spezifisch deutsche Problematik, sondern im Zusammenhang mit dem europäischen Problem des ästhetischen Konservativismus. Er schreibt:

Denn eines Dichters politische Philosophie läßt sich nicht, ohne an ihrer Echtbürtigkeit Schaden zu nehmen, von seinem schöpferischen Naturell trennen; und Thomas Manns Phantasie neigte ihrer natürlichen Anlage nach zu einer ironischen, ja tragischen und aristokratischen Geschichtsauffassung, und gewiß zur äußersten Skepsis gegenüber allem ideologischen Unternehmergeist, der darauf aus ist, mit Politik die systematische Steigerung von menschlichem Glück und menschlicher Würde ins Werk zu setzen. Wie sollte das auch anders sein, da doch solche Skepsis dem Dichtersinn selber eingeboren scheint. Die großen Werke der Literatur stehen mit dem Fortschritt meistens auf schlechtem Fuß; und selbst wenn sie sich mit ihm befreunden, halten sie auf die Länge selten Schritt. Der englische Kritiker William Hazlitt, der alles andere denn ein »Reaktionär« war, bemerkte einmal, daß die liberal-fortschrittlichen Tugenden von der Weltliteratur gar schlecht bedient seien. »Die Sprache der Dichtung«, sagte er, »hält es von Natur aus mit der Sprache der Größe und der Macht«, und »die Sache des Volkes scheint kaum dazu bestimmt zu sein, Gegenstand der Poesie zu werden.«[101]

Heller hat anderswo versucht, sich mit diesem Problem auseinanderzusetzen[102], er ist hier also dem Leser keine ausführlichere Analyse schuldig. Die Stelle zeigt aber, daß *Heller* es vermeidet, alles Problematische in *Manns* Werk und Leben der Singularität seiner Persönlichkeit zuzuschreiben. Dies führt ihn gelegentlich, wie in dem Kapitel »Zauberberg-Gespräch«, in spekulative Exkurse über das kritische Element in der romantischen und symbolistischen Literatur[103]. Hier wäre sicherlich eine analytisch-genetische Untersuchung am Platz. Jedoch werden bei *Heller* zumindest Fragen angeschnitten, die zu einer Beschäftigung mit dem Werk Manns im Zusammenhang mit der europäischen Kunst des 19. Jahrhunderts führen können.

Das Interesse an der europäischen Tradition ist in den Gesamtdarstellungen *Manns* aus dem anglo-amerikanischen Bereich wesentlich reger als in deutschen Untersuchungen. In *Henry Hatfields* Arbeit *Thomas Mann* (1952) wird dies zwar noch nicht so deutlich[104], aber in zwei neuen Büchern über *Mann* steht das Interesse an dem, was man Tradition nennt, im Vordergrund. R. J. Hollingdales *Thomas Mann. A Criti-*

cal Study (1971)[105] und *T. J. Reeds Thomas Mann. The Uses of Tradition*[106] betonen beide nicht nur den Einfluß *Schopenhauers* und *Nietzsches,* sondern gehen darüber hinaus auch auf das Phänomen des Symbolismus ein. Die Beachtung des *Mannschen* Traditionshintergrundes entspringt einem im anglo-amerikanischen Bereich gerade wieder auflebenden Interesse an *Nietzsche* und dessen intellektuellen ›background‹ und äußert sich vorerst vorsichtig in der Bereitschaft, *Thomas Mann* in diesen ›background‹ einzuordnen. Zu einer theoretischen Durcharbeitung gelangen beide Autoren nicht, da sie sich an den Topos ›Nihilismus‹ halten; das sogenannte ›Nihilismus-Problem‹ ist aber durch einige andere Arbeiten über diesen Gegenstand bereits überholt[107]. Von solchen Forschungen ist leider nicht die Rede in dem Sammelband *Thomas Mann und die Tradition* (1971)[108]. Alle darin enthaltenen Aufsätze orientieren sich allzusehr an *Thomas Manns* Interpretationen intellektueller ›Traditionen‹ und stoßen daher nicht auf die wichtigen Erfahrungsanlässe, welche hinter den Traditionen stehen und von *Mann* verarbeitet worden sind. Schon rein methodisch gesehen läßt sich eine Analyse »Thomas Mann und . . .« nicht halten. Man gelangt dann nicht weiter als bis zu den bekannten Vergleichen zwischen *Bergsons* Zeitphilosophie und der *Thomas Manns,* wie das der Essay von *Beate Pinkerneil* in dem erwähnten Band tut[109].

So fehlt bis heute jeder Versuch, *Thomas Mann* innerhalb des vom deutschen Idealismus ausgehenden Wirklichkeitsverständnisses zu sehen und daran Fragen anzuknüpfen, die für die Interpretation nicht nur der Frühwerke, sondern besonders auch der späteren, wie des *Joseph,* von höchstem Interesse wären. Dieser Mangel sollte nicht nur als bloße ›Forschungslücke‹ der Thomas-Mann-Forschung angesehen werden, seine Gründe sind vielmehr in der generellen Situation der Literaturwissenschaft und der philosophischen Analyse zu suchen[110].

4.2. Einzeluntersuchungen

Antworten auf die in den Gesamtdarstellungen offengebliebenen Fragen erwartet man von Interpretationen bestimmter Aspekte von *Thomas Manns* Werk. In den folgenden Abschnitten wird untersucht, inwieweit diese Hoffnung gerechtfertigt ist. Dabei beschränken wir uns auf die neuere Literatur über *Mann,* in der Annahme, daß hier auch Untersuchungsergebnisse früherer Arbeiten mitverwertet sind. Da gerade Einzelanalysen den Hauptteil der immensen Sekundärliteratur ausmachen, wird hier in der Hauptsache nur auf größere Arbeiten eingegangen, die Anspruch darauf erheben, die zu ihrem Gegenstand erreichbare Sekundärliteratur voll berücksichtigt zu haben.

Die Unterteilung der einzelnen Abschnitte folgt den von der Thomas-Mann-Literatur gemachten Unterscheidungen. Analysen zu Sprache und Symbolik, Ästhetik und Romantheorie, Stilbegriff und Erzählhaltung bilden dabei eine Gruppe, die sich weitgehend im Rahmen kritischer Konventionen hält. Daneben stehen Versuche, die – von unterschiedlichen Voraussetzungen ausgehend – in die Symbolstruktur des *Mannschen* Werkes eindringen. Es handelt sich hier sowohl um Einzelinterpretationen bestimmter Werke als auch um Untersuchungen von Problemen der Struktur, des Mythos und der Quellen.

Um den Stand der Kritik übersichtlich gestalten zu können, wird auf eine theoretisch präzisere Untergliederung der kritisch relevanten Aspekte in *Manns* Werk verzichtet, da dadurch viele Arbeiten in mehreren Kategorien zugleich erscheinen würden.

4.2.1. Sprache und Symbol

Die Frage, ob *Thomas Mann* gutes Deutsch schreibt, ist keineswegs nur eine akademische Frage. *Mann* selbst hat der

Sprache in ihrer Funktion als Bewahrerin der Rationalität immer wieder symbolische Bedeutung zugewiesen, hat das sprachlich Artikulierte und Artikulierbare gegen die Stummheit des Irrationalen abgesetzt. Deswegen ist die Frage nach *Manns* sprachlichem Vermögen legitim. Wenn man die Frage jedoch ohne Bezug auf die Intention des sprachlichen Ausdrucks im Einzelwerk stellt, wenn man also generell fragt, wie *Thomas Manns* Deutsch zu beurteilen sei, so kommt man einer Antwort nicht näher. Diesen Sachverhalt übersah *Paul Riesenfeld* 1955 in seinem Aufsatz *Schreibt Thomas Mann gutes Deutsch?*[111], und er kam demzufolge lediglich zu einem formalen Ergebnis, nämlich dem, daß *Manns* Deutsch zu schwerfällig sei, um gleichberechtigt neben der Sprache der deutschen Klassik stehen zu können.

Obwohl *Riesenfelds* Urteil von Thomas-Mann-Kritikern meist nicht geteilt wird, so hat seine Art der Beurteilung der Mannschen Sprache doch vieles gemein mit den zahlreichen Untersuchungen, die nach dem methodischen Prinzip verfahren, einen *Mannschen* Satz isoliert von seinem strukturellen Kontext zu behandeln. Charakteristisch für diese Methode sind zwei bekannte Stilanalysen, *Oskar Seidlins* 1947 veröffentlichter Aufsatz *Stiluntersuchung an einem Thomas-Mann-Satz*[112] und *Hans Arens' Analyse eines Satzes von Thomas Mann*[113] aus dem Jahr 1964. Beide Kritiker wählen Sätze, die durch ihre Länge als typisch für *Manns* Stil gelten sollen. *Seidlin* analysiert den Anfangssatz aus dem 2. Kapitel des *Tod in Venedig*, *Arens* den dritten Satz aus dem Vorspiel »Höllenfahrt« in *Joseph und seine Brüder*. Die Länge der gewählten Sätze veranlaßt beide Autoren, die Klarheit und Übersichtlichkeit des Satzbaus zu betonen und festzustellen, daß diese Qualitäten mit der Aussage des jeweiligen Satzes in Einklang stehen. So bemerkt *Seidlin*, daß der architektonische Bau des Satzes aus dem *Tod in Venedig*, der das Wesen des Protagonisten, Gustav Aschenbach, aus dessen Werk heraus gestaltet, Klarheit, Logik, rhetorischen Schwung und Latinität als Charakteristika von Aschenbachs Werk und

Person zum Ausdruck bringe[114]. Aber gerade mit dieser ausschließlichen Konzentration auf den Satzbau übersieht *Seidlin* ein wesentliches Strukturelement des *Tod in Venedig,* das an der Symbolik des Werkes entscheidenden Anteil hat, nämlich die Überbetonung der Form, durch die Aschenbach das Chaos in seiner Seele verdeckt, bis es eben gerade durch die Form dämonische Kontrolle über ihn gewinnt. Auch dies ist in der Form des von *Seidlin* analysierten Satzes zu entdecken, dem bei aller syntaktischen Klarheit eine gewisse Gezwungenheit eignet und der sich in dieser Hinsicht von dem noch längeren Satz aus dem »Höllenfahrt«-Vorspiel des *Joseph* grundsätzlich unterscheidet. Den letzten Sachverhalt sieht *Hans Arens,* der in seiner Analyse zu *Seidlins* Untersuchung Stellung nimmt und feststellt, daß *Seidlin* das Mißverhältnis zwischen dem architektonischen Bau des Aschenbach-Satzes und der schließlichen Aussage übersehe. Dieses Mißverhältnis bestehe in dem Satz aus *Joseph* nicht, dort entsprächen sich Satzbau und Aussage vollkommen, da der Satz in seiner epischen Länge die Fahrt in die Vergangenheit im Detail widerspiegele[115].

Es läßt sich an Hand dieser beiden Beispiele der Sprachanalyse ein Sachverhalt aufzeigen, der zu einer grundsätzlichen Kritik der dort verwandten Methode führt. Die Analyse von einzelnen Sätzen ist stets dem Problem ausgesetzt, daß in jedem Fall die Gesamtstruktur des Werks berücksichtigt werden muß, wenn Schlüsse über die stilistische Qualität des Satzes gezogen werden sollen. Stil ist Teil der Struktur des Werks, und die Struktur wiederum ist die symbolische Ordnung der kreativen Erfahrung[116]. Die Sprach- und Stiluntersuchungen *Mannscher* Werke orientieren sich jedoch noch insgesamt an der überholten Dichotomie von Form und Inhalt, Stil und Aussage, die fatale Folgen hat. Gerade in *Manns* Fall ist die Annahme, daß eine satz-immanente Aussage unmittelbar dem Stil des Satzes gegenüberzustellen sei, unhaltbar. Die Abwesenheit zentraler Bildsymbole in *Manns* Prosastil verlegt das Symbol gewissermaßen in den Satz selbst, der dadurch verweisenden Charakter erhält und nie ganz das ist, was er ›aussagt‹. Dies gilt im übrigen auch für andere Strukturelemente der Werke *Manns* und geht so weit, daß das Einzelwerk Verweisungscharakter innerhalb des Gesamtwerks erhält[117].

Die hier nur angedeutete Problematik wird in einer Arbeit von *Ulrich Dittmann, Sprachbewußtsein und Redeformen im Werk Thomas Manns*[118] (1969), auf ihre historischen und theoretischen Grundlagen hin untersucht. *Dittmann* geht es nach seinen eigenen Worten nicht um eine Stiluntersuchung, sondern um die »Sprachproblematik der Zeit, in der Thomas Mann mit seinen ersten Werken hervortrat«[119]. Er setzt sich daher eingehend mit *Nietzsches* Sprachkritik auseinander, um dann die Wirkungen dieser Kritik auf die Sprache *Thomas Manns* zu betrachten. Beim frühen *Thomas Mann* sieht er sehr richtig die Spannung zwischen innerer und äußerer Wirklichkeit, wie sie u. a. in der Erzählung *Der Bajazzo* zum Ausdruck kommt:

> Die Spannung zwischen innerer und äußerer Wirklichkeit, an der wir uns bei unseren Untersuchungen orientierten, wird in dieser Erzählung selbst thematisch. Sie bildet den Ausgangspunkt der Aufzeichnungen. Ziel der Erzählerfigur ist es, in dem mit der Reflexion auf die eigene Sonderstellung sich ergebenden »wüsten Auflösungsprozeß meines Inneren« (106) dadurch den »Charakter ... zu bewähren« (106), daß er sich auf seine Geschichte besinnt und sie aufzeichnet. Er versucht also, in der Sprache Klärung und Bestätigung dafür zu finden, daß er der ist, für den er sich hält. Hatte ihn »›alles das‹ und ›das Ganze‹« (106) – seine Umschreibung für die äußere Wirklichkeit – angeekelt, so versucht er diesem in der Niederschrift ein Eigenes entgegenzusetzen.[120]

Dittmann diskutiert dann *Manns* Absage an den klassischen Symbolbegriff. *Mann* habe mit *Nietzsche* gemeinsam, daß die Sprache auf die Wirklichkeit ausgerichtet und die Metapher abgelehnt werde. Die Wirklichkeit habe ihren allgemeinen Bezugspunkt zuerst im Tod, später aber werde sie immer mehr zu einer inneren Wirklichkeit des Künstlers. Im *Tod in*

Venedig sei die Distanz zwischen der Sprache und dem, was sie repräsentiert, »so groß, daß erst über die Darstellung von einem den Intentionen des Sprechenden Entgegengesetzten eine Aussage möglich wird«[121].

Es muß als besonderes Verdienst *Dittmanns* angesehen werden, daß er ein Kapitel der Sprache in den Essays, vor allem den Kriegsschriften, widmet und dabei auch das Verhältnis der Sprache der Essays zur Sprache der Romane untersucht. Hierbei behandelt er zumindest andeutungsweise unter dem Begriff »Sprache der Betrachtung«[122] *Thomas Manns* Schwierigkeiten mit der Entscheidung über Wahrheit und Unwahrheit. Sicherheit in dieser Entscheidung habe *Mann* erst im Kampf gegen den Faschismus gefunden, doch nach dessen Ende sei er wieder der alten Fragwürdigkeit des Problems aussagbarer Wahrheit anheimgefallen[123]. *Dittmann* läßt es bei der Darstellung dieses Sachverhalts bewenden, er kann ihn nicht so analysieren, daß daraus neue Schlüsse über *Thomas Manns* politische Reden und Schriften gezogen werden könnten. Denn gerade hier verläßt *Dittmann* den zuvor eingeschlagenen Weg der Untersuchung, die Analyse des Realitätsproblems. Dies wird bei der Behandlung der großen Romane dann noch offensichtlicher, so daß es eigentlich nur der dem Frühwerk gewidmete Teil ist, in dem die Sprachuntersuchungen *Dittmanns* zu interessanten Ergebnissen führen. Es zeigt sich wieder deutlich, daß nur rigorose Analyse des Realitätsproblems in Manns Werk zu relevanten Ergebnissen führen kann. Eine solche Analyse ist zugegebenermaßen im Frühwerk einfacher.

Verglichen mit zwei Arbeiten aus den mittleren sechziger Jahren zeigt *Dittmanns* Untersuchung, daß inzwischen eine theoretische Analyse möglich geworden ist, die durch Untersuchung von Sprache und Stil zum Problem der Wirklichkeit in Manns Werk vorstößt, indem sie sich von den topischen Begriffen des Erzählstils und des Symbols ablöst. Wie erheblich *Dittmanns* theoretischer Schritt ist, wird ersichtlich, wenn man sich *Werner Hoffmeisters Studien zur erlebten Rede bei*

Thomas Mann und Robert Musil (1965)[124] und *Walter Weiss'*
Schrift *Thomas Manns Kunst der sprachlichen und thematischen Integration* (1964)[125] ansieht. Beide Autoren orientieren
sich an germanistischen Schulbegriffen, *Hoffmeister* an der
›erlebten Rede‹, *Weiss* an einem fossilisierten Symbolbegriff.
Beiden geht es dabei um ein Ziel: die Abstrahierung einer
Weltanschauung *Manns* aus dem Sprachstil seines Werkes.
Hoffmeister demonstriert an Beispielen aus *Buddenbrooks*
und dem *Zauberberg,* wie die erlebte Rede bei *Mann* zuerst
Ausdruck seines erzählerischen Perspektivismus ist, bis sie
dann im *Zauberberg* zum »Medium« wird, »in dem sich die
reale Außenwelt in die subjektive Vorstellungswelt Hans
Castorps umprägt«[126]. Im Spätwerk verschwinde die erlebte
Rede dann immer mehr zugunsten der Ich-Erzählung. *Hoffmeister* erklärte diese Entwicklung damit, daß *Mann* seine
Methode der Menschendarstellung »entschärft« habe[127], nachdem er aus der Radikalität der von *Schopenhauer* und
Nietzsche übernommenen Kunst- und Todesmetaphysik her-
ausgetreten sei und sich zu *Goethes* Humanitätsbegriff hin-
gewandt habe. Im Hinblick auf *Doktor Faustus* muß man
jedoch an der Richtigkeit von *Hoffmeisters* Behauptung zwei-
feln. Die Beziehung zwischen erzählerischen Stilmerkmalen
und Existenzhaltungen ist keinesfalls derart vordergründig.
Hoffmeister verabsolutiert die sprachliche Form der ›erlebten Rede‹ so weit, daß ihre Präsenz oder ihr Fehlen zum
Kriterium eines weltanschaulichen Wandels bei *Thomas Mann*
wird, und zwar deshalb, weil die erlebte Rede ohne weiteres
mit kritischer Menschendarstellung gleichgesetzt und ihrer
Funktion in *Manns* Spätwerk keine Beachtung mehr geschenkt
wird, da dort angeblich die Ich-Erzählung eine kritische
Menschendarstellung ausschließt. Hinter *Hoffmeisters* Methode steht eine statische Vorstellung von Realität als etwas,
an das der Künstler ›herangeht‹ und es mit seinen sprachlichen
Kunstmitteln darstellt, wobei Veränderungen in der Wirk-
lichkeitsdarstellung durch die sich verändernde Weltanschauung des Künstlers erklärt werden müssen.

Wenn eine solch unzureichende theoretische Orientierung bei einem Kritiker vorliegt, daß er überhaupt keine Veränderung in *Manns* Werk zu sehen scheint, dann kommt es, wie bei *Walter Weiss,* zur Formung von Sekundärbegriffen wie »sprachliche Integration«. Der Kritiker bezieht sich in diesem Fall auf die inzwischen ihres Erfahrungsgehalts entleerte *Goethesche* Formel vom Besonderen, welches das Allgemeine repräsentiere, und er mißt *Thomas Manns* Werk an dieser Leerformel. *Weiss* zeigt nicht nur Unkenntnis der *Goetheschen* Symbolik, sondern auch Verständnislosigkeit für den Zusammenhang zwischen Wirklichkeit und Sprachkunstwerk, wenn er feststellt:

Die Sprache Thomas Manns stand im Frühwerk wie im Spätwerk vor der grundsätzlich gleichen Aufgabe: Die Verbindung zwischen den zwei sie beherrschenden auseinandergehenden Tendenzen, zwischen der Richtung aufs Individuelle, Besondere, Charakteristische und der Richtung aufs Typische, Mythische, d. h. auf die wenigen durchgehenden Grundthemen und -motive, herzustellen, mit anderen Worten, die sprachliche Integration zu leisten. Dies ist nicht immer und überall gleichmäßig gelungen. Die Frage nach dem Grad des jeweiligen Gelingens bietet aber die Möglichkeit zu einer Wertung von innen. Sie unterscheidet sich von der Wertung von außen, von der Goetheschen Symbolsprache her.[128]

Es sei dahingestellt, ob die Frage nach dem Grad des jeweiligen Gelingens der sprachlichen Integration wirklich die Möglichkeit zu einer »Wertung von innen« bietet. Mit den Topoi »Individuelles« und »Allgemeines« ist in der Literaturwissenschaft aus zwei Gründen nichts anzufangen. Zum einen, weil diese Begriffe der dogmatischen Metaphysik ein Mißverständnis über ›Transzendenz‹ reflektieren, indem sie diese zur allgemeinen Idee, zur Klasse universaler Realien verfälschen; zum anderen, weil das literarische Kunstwerk aus der Erfahrung erwächst, daß das Allgemeine als Transzendenz oder auch als innerweltlicher Klassenbegriff kein Gegenstand sprachlicher Formung sein kann. Das Kunstwerk entsteht aus konkreter Erfahrung von Wirklichkeit, und das

Paradox seiner Allgemeingültigkeit beruht auf der Intensität seiner konkreten Ordnungsstruktur. *Weiss,* der stets von *dem* Typischen spricht, als ob es eine eigene Existenz besäße, sieht konsequenterweise einen Konflikt in *Manns* Sprachkunstwerken, da er nicht bemerkt, daß *Mann* nicht zwischen Abstraktionen wie ›Individuellem‹ und ›Allgemeinem‹ hin und hergeworfen ist, sondern die Spannung darstellt, die zwischen persönlicher Erfahrung und der die Erfahrung bedingenden Realität besteht. Wenn die Kategorien des Besonderen und des Allgemeinen schon benützt werden müssen, so ist höchstens festzustellen, daß *Mann* wie kaum ein Autor seiner Zeit die wirklichkeitsverändernde Rolle des Besonderen gesehen hat, in all ihrer Gefährlichkeit. Zu diesem Ergebnis kommt *Weiss'* Arbeit nicht, sondern klingt milde in folgendem Urteil aus:

> Wir sind am Ziel. Möge es mir gelungen sein zu zeigen, daß uns der Gesichtspunkt der sprachlichen Integration weiterbringt, daß er uns die Vielgestalt und die Einheit von Thomas Manns Werk erschließt: Variation des Identischen, Identität des Vielförmigsten![129]

Mit dem Problemkreis ›Sprache‹ hängt auch das Thema ›Allegorie und Symbol‹ zusammen; es sei daher zum Abschluß noch eine Arbeit vorgestellt, die dieses Thema behandelt: *Gunter Reiss'* Buch *»Allegorisierung« und moderne Erzählkunst. Eine Studie zum Werk Thomas Manns* (1970)[130]. *Reiss* setzt sich erheblich eingehender mit dem Symbolbegriff auseinander, als *Weiss* dies getan hatte. Er bezweifelt die Brauchbarkeit des topischen Symbolbegriffs vom ›Besonderen‹, welches das ›Allgemeine‹ repräsentiere, indem er auf die fehlende Einheitlichkeit der geistigen Welt hinweist, auf Grund derer die Symbole »zu hieroglyphischen Unbekannten« werden, »die ihren Sinn nicht mehr preisgeben«[131]. Im Laufe der gesellschaftlichen Entwicklung werde gerade die Dichtung zum Auflösungspunkt der traditionellen Symbolik und bediene sich mehr und mehr der »Zeichen für etwas anderes«[132].

Damit rücke sie in die Nähe der Allegorie. Um eine Verwechslung mit dem barocken Allegoriebegriff zu vermeiden, spricht *Reiss* jedoch von »Allegorisierung«. Eine Begriffsbestimmung behält er sich ausdrücklich vor, da er erst in seinen Analysen des *Mannschen* Werks zeigen will, wie der Prozeß der Allegorisierung verläuft.

In diesen Analysen macht *Reiss* vor allem auf einige wichtige Elemente im Frühwerk Manns aufmerksam. Unter dem Titel »Phänomene der Isolierung und Emanzipation« untersucht er die Bereiche des Öffentlichen und des Privaten in *Buddenbrooks* und *Königliche Hoheit,* die Emanzipation des Formalen in *Königliche Hoheit,* die Motive von Gesellschaft und Theater, Repräsentation und Schauspielertum. Diese Motive verweisen in der Tat auf die Thematik des Auseinanderfallens, wie sie in *Buddenbrooks* bis zuletzt durchgehalten wird[133]. *Reiss'* Analyse erreicht – wie schon die Studie *Dittmanns* – ihren Höhepunkt bei der Interpretation des Frühwerks und verläßt dann bei der Behandlung der Werke seit dem *Zauberberg* die selbst gefundenen Bahnen wieder. Beide Untersuchungen werden dadurch beeinträchtigt, daß die einmal im Frühwerk gefundenen symbolischen Strukturen bei der Untersuchung späterer Werke wie autonome analytische Kategorien verwendet oder selbständig abgewandelt werden, ohne daß der Erfahrungsprozeß berücksichtigt würde, aufgrund dessen *Mann* seine Symbolik weiterentwickelte. Man kann nicht vom Frühwerk einen direkten Bogen zum *Zauberberg* schlagen, unter der Annahme, *Mann* habe in den Kriegsschriften die Symbolik des Frühwerks einfach ›ruhen‹ lassen. *Manns* Interpretation seiner Kriegserfahrung ist im Gegenteil entscheidend von den frühen Symbolen geprägt. Die Thematik des Auseinanderfallens finden wir in der Symbolik von ›innen‹ und ›außen‹ wieder, durch die einerseits der Bezug der geschichtlichen Ereignisse zum Bewußtsein des Dichters dargestellt und andererseits auf die Beziehung zwischen Deutschland und der »Welt« hingewiesen wird. Mit der Symbolik von ›innen‹ und ›außen‹ hängt auch die Bedeutung von Besonderheit und Allgemeinheit zusammen, wobei Deutschland als das Element des Besonderen angesehen wird, das im Bereich des Allgemeinen, der »Welt«, Verwirrung stiftet. Zwischen den Kriegsschriften und dem *Zauberberg* entwickelten sich aber diese Symbole weiter, da der dichterische Erfahrungsprozeß während dieser Zeit nicht stillstand. Wenn sie später im *Joseph* und im *Doktor Faustus* wieder erscheinen, so hat sich ihre Bedeutung seit dem *Zauberberg* erneut gewandelt. Der Wandel dieser als konstant erscheinenden Symbole wurde zuerst möglich, weil die private Sphäre der Kunst im Drama des Weltkriegs ihren bisher verhüllten Öffentlichkeitscharakter zeigte. Was der Künstler der *Mannschen* Erzählungen im stillen Kämmerlein erlebt hatte, das erlebte Deutschland und mit ihm *Thomas Mann* im Krieg: Das Auseinanderfallen der Realität, die Spannung zwischen Besonderheit und Allgemeinheit waren nun Phänomene der Öffentlichkeit, daher konnten sie später zum Symbol werden und brauchten nicht Allegorie zu sein.

Daß *Reiss* die Problematik von Symbol und Allegorie überhaupt aufgeworfen hat, ist verdienstvoll. Doch wie alle, die sich mit *Thomas Mann* beschäftigen, begegnet auch er einem grundsätzlichen Problem, das sich aus dem völlig undifferenzierten Verständnis des Symbols ›Wirklichkeit‹ ergibt. Wenn man nicht weiß, was man unter ›Wirklichkeit‹ oder ›Realität‹ zu verstehen hat, kann man schwerlich mit Erfolg nach *Thomas Manns* ›Wirklichkeitsbegriff‹ suchen. Man stolpert dann sehr schnell über Aussagen *Thomas Manns* zur Kunst, in denen von der »Erfindung der Wirklichkeit« die Rede ist[134] und die man dann mit dem von ihm selbst geforderten ›Realismus‹ in Einklang bringen muß.

4.2.2. Ästhetik und Romantheorie

Die Auffassung, der auch *Erich Heller* grundsätzlich beipflichtet[135], daß *Mann* ein Realist gewesen ist, erschwert die

Beurteilung seines Wirklichkeitsverständnisses ganz erheblich. Es hat zwar Versuche gegeben, genauer zu bestimmen, zu welchen Stilgattungen die einzelnen Perioden in *Manns* Werk gehören, doch diese Versuche haben sich nicht zu einer selbständigen Forschungsrichtung ausgestaltet. Man sehe sich nur die Schwierigkeiten an, die der verstorbene *Christoph Geiser* in seiner kleinen Studie *Naturalismus und Symbolismus im Frühwerk Thomas Manns*[136] mit der Zuordnung einzelner Werke zu dem einen oder anderen Stilbegriff hatte, um zu verstehen, warum die Literatur zu diesem Thema schmal ist. Dies soll nicht etwa heißen, daß *Mann* weder mit Naturalismus noch mit Symbolismus etwas zu tun gehabt habe. Aber nur eine kritische Untersuchung, die diese Stilbegriffe auf ihren Erfahrungshintergrund untersucht, würde kognitiven Wert haben[137].

Eine ernst zu nehmende Untersuchung der Frage nach *Manns* Realismus hat nur *Klaus-Jürgen Rothenberg* in seinem Buch *Das Problem des Realismus bei Thomas Mann* (1969)[138] durchgeführt. Er beschränkt sich dabei allerdings auf *Buddenbrooks* und versteht unter Realismus »realistischen Stil«, der »eine unbefangene und unvoreingenommene Bejahung der Welt der alltäglichen Erfahrung voraussetzt«[139]. Demzufolge liegt nach *Rothenberg* das Problem des realistischen Erzählers darin, daß »der direkte problemlose Zugang zu den Dingen verstellt sein« kann, und zwar »durch seelisch bedingte oder weltanschaulich verwurzelte Störungen«[140]. *Rothenberg* sieht ein solch gestörtes Verhältnis zur Wirklichkeit bei *Mann,* nämlich ein »Bedürfnis nach starker Wirklichkeit«[141], wodurch er dem Naturalismus nahekomme, ohne dessen Vorliebe für soziales Elend zu teilen[142]. *Rothenbergs* Bestimmung *Manns* als ›Nicht-Realist‹ ist nur als Stilbestimmung zu verstehen, da es auch ihm nicht gelingt, ein statisches Wirklichkeitsbild zu überwinden, in dem es nur Beschreibung der Wirklichkeit von außen gibt, in welchem aber die symbolische Ordnung des Kunstwerks selbst nicht Teil der Wirklichkeit ist.

Die Schwierigkeit, *Thomas Manns* Werk einem Stilbegriff zuzuordnen, hat also theoretisch feststellbare Gründe. Diese Gründe versuchen Analysen von *Manns* Ästhetik zu finden. Zwei Kritiker sind mit solchen Analysen hervorgetreten, die ihres theoretischen Anspruchs wegen hier kurz dargestellt werden müssen. Es handelt sich dabei um *Heinz Peter Pütz'* Arbeit *Kunst und Künstlerexistenz bei Nietzsche und Thomas Mann. Zum Problem des ästhetischen Perspektivismus in der Moderne* (1963)[143] und um *Ernst Nündels* Untersuchung *Die Kunsttheorie Thomas Manns* (1972)[144]. *Pütz* ist eher an der Darstellung der *Nietzscheschen* Kunsttheorie und an ihren Erscheinungsformen im Werk *Manns* gelegen als an allgemeinen ästhetischen Fragen. Doch da er sich nicht an irgendeiner ästhetischen Theorie festklammert, gelingt es ihm, wesentliche Übereinstimmungen *Manns* mit *Nietzsche* aufzuzeigen. Allerdings betont *Pütz* den Gegensatz von ›Geist‹ und ›Leben‹ bereits im Werk *Nietzsches* sehr stark, wobei er gleichwohl darauf hinweist, daß Gegensatzpaare wie ›Kunst – Erkenntnis‹ und ›Geist – Leben‹ im Gesamtwerk *Nietzsches* weniger als Antinomien gesehen werden dürfen, sondern daß »der dauernde Wechsel der Perspektive die Methode ist, mit Hilfe derer die Künstlerexistenz umschrieben wird«[145]. Daß dies auch bei *Thomas Mann* der Fall ist, versucht *Pütz* in einem Kapitel »Realität und perspektivisch-vermittelnde Funktion der Kunst« zu zeigen. Hierbei bezieht er sich insbesondere auf die politische Essayistik *Manns,* in der er die existentielle Bedeutung der ›doppelten Optik‹ *Nietzsches* bestätigt sieht:

> Diese Art wechselnder Optik ist ein Wesensmerkmal ästhetischer Sehweise, die stets auf das Totum der Erscheinungen ausgerichtet ist. Wenn Nietzsche mit Bezug auf den Künstler von »leidenschaftlicher Indifferenz« spricht, dann ist damit genau die Haltung Thomas Manns zu den Gegenständen seiner Kritik charakterisiert.[146]

Pütz sieht ferner, daß die Ironie, die den universalen Betrachter intendiert, durch das Prinzip der Auswahl im Schaffen des Künstlers durchbrochen wird.

Ironische Vermittlung vermag nicht mehr im Sinne einer begrifflichen Synthese das Getrennte in einer höheren Einheit aufzuheben. Fortschreitend schafft sie Beziehungskreise und versucht,
auf diese Weise der festgestellten Wirklichkeit Herr zu werden,
aber sie leistet keine mythische Identität mehr. Der Künstler
steht nämlich nicht außerhalb der Realität, er ist tief in ihre
Widersprüchlichkeit verwickelt [...].[147]

Eine solche Einsicht ist nur deshalb erwähnenswert, weil die
Mann-Kritik oft einer Ästhetik huldigt, in welcher der Ironie
spekulativ die Synthese zur höheren Einheit zugeschrieben
wird, in der, mit anderen Worten, die Ironie die Realität
›aufzuheben‹ vermag.
Die Dialektik von *Manns* Kunstauffassung betont auch *Ernst
Nündel* in seinem Buch über *Manns* »Kunsttheorie«. Das
Werk war wohl ursprünglich als eine systematische Ästhetik
geplant, ist dann aber offenbar nach genauerer Durchsicht der
Äußerungen *Manns* über Kunst und Künstler zu einer hermeneutischen Arbeit geworden. *Nündel* stellt *Manns* Äußerungen sehr anschaulich zusammen, wobei er die Kunstthe-
matik unter jene Symbolpaare stellt, mit denen *Mann* selbst
zu den Realitätsproblemen Stellung genommen hat. Kritisch
ist dabei jedoch zu vermerken, daß alle diese Symbolpaare
auf eine Ebene gestellt und dadurch gewissen »Kunstauffassungen« untergeordnet werden. »Intellektualistische und irra-
tionalistische Kunstauffassung« werden einander gegenübergestellt in den Symbolpaaren »Geist – Leben«, »Intellektua-
lismus – Irrationalismus«, – »Sittlichkeit – Problematik«.
Außerdem gibt es noch eine »ästhetizistische und moralistische
Kunstauffassung« sowie etwas, das anscheinend einer Kunstauffassung gleicht, nämlich »Verfall und Ursprünglichkeit«[148].
Aufgrund der Unterordnung von Symbolen unter Kunstauffassungen führt *Nündels* Arbeit dann auch von der Symbol-
analyse weg und sucht in der Ironie einen *deus ex machina*:

Thomas Manns Kunsttheorie und seinen Begriff der Ironie als
deren Angelpunkt zu erschließen, wurde deshalb zu einem ge-
wagten Unternehmen, weil er selbst Ironiker war, weil sich sein
Denken nicht nur als widersprüchlich, antithetisch und dialek-

tisch, sondern als zwei-, mehr-, vieldeutig, als ironisch darstellte.[149]

Wie läßt *Thomas Mann* seinen Leverkühn nach einem jener
»geistigen Gespräche« in der Burschenschaft sagen?

> »Ja, gute Nacht. Ein Glück, daß man's sagen kann. Diskussionen
> sollte man immer nur vorm Einschlafen halten, mit der Rücken-
> deckung des wartenden Schlafs. Wie peinlich, nach einem geisti-
> gen Gespräch noch wachen Sinnes umhergehen zu müssen.«[150]

Eine Vielzahl von sogenannten Kunstauffassungen läßt sich
eben nicht in eine Ästhetik zusammenschweißen, selbst wenn
man dazu die Begriffe ›Dialektik‹ und ›Ironie‹ bemüht. Wie
im nächsten Abschnitt zu sehen sein wird, muß die Ironie
überhaupt immer dann herhalten, wenn man nicht mehr weiter weiß. Gewiß hat *Thomas Mann* viele Äußerungen zur
Kunst gemacht, aber diese sind nicht als Begriffsbestimmun-
gen zu sehen. Es geht *Mann* immer mehr um den Künstler als
um die Kunst. Kunst wird so zu einem Existenzmodus, wie
er in radikaler Konsequenz im *Doktor Faustus* dargestellt
wird. Es handelt sich da im Grunde weder um den Gegensatz
zwischen ›Geist‹ und ›Leben‹ noch um sonst einen Gegensatz,
sondern um das Problem, daß Kunst als Existenzmodus in
einer prekären Balance steht. Kunst hat mit der Phantasie zu
tun. Der Künstler schafft etwas, wo vorher nichts da war.
Die Phantasie ist dabei eine selbständige Wahrheitsquelle.
Gleichzeitig geht es dem Künstler aber auch um die Erkenntnis dessen, was ist. Diese beiden Aspekte zusammenzubrin-
gen, ohne daß aus dem ›Noch-nicht‹ ein Reich des ›Nicht-
Sein‹ wird, in dem der Künstler den lieben Gott spielt,
darum ist es *Thomas Mann* stets gegangen. Leverkühns Pakt
mit dem Teufel, der in seinem ›Zurücknehmen‹ von *Beetho-
vens* Neunter resultiert, stellt die Gefahr der künstlerischen
Existenz klar heraus[151].

4.2.3. ›Ironie‹, ›Humor‹, ›Parodie‹

Es ist schon darauf hingewiesen worden, daß die Schwierigkeiten, *Thomas Manns* Werk auf einen Stilbegriff oder eine

Ästhetik festzulegen, aus der Unzulänglichkeit solcher Begriffe oder Systeme gegenüber der Wirklichkeit wie gegenüber der Teilhabe von Kunstwerk und Künstler an der Wirklichkeit resultieren. Einen Ausweg aus diesem Dilemma suchen Thomas-Mann-Kritiker häufig durch Untersuchungen zum Problem der Ironie in *Manns* Werk. ›Ironie‹ wird dabei oft zur magischen Formel, die alle Probleme lösen soll. Doch die Analysen der Mannschen Ironie zeigen durchweg, daß die Realität auf diese Weise nicht zu bändigen ist. So nützlich manche Studie zum Verständnis einzelner, von der Ironie getragener Werkaspekte sein mag, nach wie vor bleibt *Herbert Lehnerts* Urteil gültig, daß die Gegenüberstellung von ironischem Erzählen und ›echter‹ Wirklichkeit fragwürdig sei[152]. Denn die Ironie ist eine Existenzhaltung, der Skepsis verwandt, und als solche hat sie am Prozeß des Wirklichkeitsverständnisses Anteil und läßt sich nicht unter Hinweis auf irgendeine ›echte‹ Wirklichkeit beiseite schieben, zu der ein Kritiker direkteren Zugang zu haben glaubt als *Thomas Mann*.

Zum Thema ›Ironie‹ haben sich besonders prononciert *Allemann, Žmegač, Baumgart* und *Hamburger* geäußert. *Beda Allemann* hat ein größeres Kapitel seines 1956 erschienenen Buchs *Ironie und Dichtung*[153] der Ironie bei *Thomas Mann*[154] gewidmet. Er beginnt es mit einer Betrachtung über die »Konventionalität des ironischen Spielraums«, in dem er darauf hinweist, daß Ironie nur in einer »vollkommen durchlichteten und beherrschten Welt ihr Spielfeld[155] finde. So eine vollkommen durchkonventionalisierte Welt sei die Welt der Wissenschaft. *Thomans Manns* »pseudo-szientifische Attitüde« müsse also hier als Erscheinungsform seiner Ironie gesehen werden[156]. Ähnliches könne von *Manns* Ironie im Moralischen und Psychologischen gesagt werden, denn die Moral sei »konventionalisierte und in Regeln gebrachte Gewissensregung«[157]. Sie lasse sich demnach leicht ironisieren. *Manns* Hinwendung zum Mythos, den *Allemann* ebenfalls als Konvention sieht, sei schließlich mißglückt, da *Mann* den »Bezug zur ursprünglich mythischen Erfahrung« nicht habe herstellen können. Vielmehr führe die Ironie konsequent zur Hermetik, denn »hermetisch ist das wie mit Spiegeln Umstellte des ironischen Spielraums«[158]. Von da ist es nur noch ein Schritt zur Ironie der Spätzeit, dem ironisch-parodistischen Sprachscherz, der zum »toten Stil«, zur »Maskerade« wird[159], wie *Allemann* unter Berufung auf *Nietzsche* bemerkt[160]. So kommt *Allemann* zu einer Art Kulturphilosophie, in der die Ironie *Manns* als »vom Tode und der endgültigen Verstaubung bedroht«[161] gesehen wird. Diese von *Allemann* behauptete Identität von Ironie und Dekadenz bei *Mann* ist nicht haltbar. Sie kann überhaupt nur dann behauptet werden, wenn man *Manns* Werk aus seinem Realitäts- und Zeitbezug herausnimmt und einer an anderen Beispielen entwickelten Begriffsbestimmung unterwirft.

Daß die Ironie im Zusammenhang mit der Konvention auch anders betrachtet werden kann, zeigt *Viktor Žmegač* in seinem Aufsatz ›*Konvention – Modernismus – Parodie. Bemerkungen zum Erzählstil Thomas Manns*‹[162]. *Žmegač* sieht gerade in dem ironisch-parodistischen Aufheben der eigenen Position einen »Akt der künstlerischen Freiheit«[163], der sich gegen den Determinismus richtet, der in der modernen Literatur herrscht.

Zu einem ähnlichen Ergebnis kommt *Reinhard Baumgart* in seinem Buch *Das Ironische und die Ironie in den Werken Thomas Manns* (1964), das ursprünglich schon 1952 als Dissertation vorgelegen hatte. *Baumgart* vermeidet den Fehler *Allemanns,* der in der Annahme besteht, die Ironie sei gewissermaßen Selbstzweck in *Manns* Werk. Er zeigt dagegen, wie das Ironische »der formalen Fassung seiner [Manns] Werke und damit auch der Selbstdeutung ihrer Problematik dient«[164].

Und schließlich hat *Käte Hamburger* in ihrem Buch *Der Humor bei Thomas Mann. Zum Josephsroman*[165] Wichtiges zur Ironie gesagt. *Hamburger* macht darauf aufmerksam, daß die Ironie in der Tat verschieden definiert werden kann, daß sie

»ihren literarischen Ausdruck aber erst in den Mitteln der erzählenden Darstellung erhält, wie es z. B. satirisierend übertreibende Figurenzeichnung, parodistischer Stil u. a. m. sind«[166]. Da sich *Käte Hamburger* auf die Analyse weniger Erzählungen und Romane beschränkt, dort aber genau arbeitet, gelingt es ihr, auch das Wesen des Humors von dem der Ironie abzugrenzen, ohne dabei in dogmatische Grundsatzdefinitionen zu verfallen. Bei ihr hat der Gegensatz zwischen ›Geist und Leben‹ nichts Abstraktes, sondern erscheint als die Erfahrung der Seele, die an irdische Existenz gebunden sich ihrer Verwandtschaft mit dem Geist bewußt ist. Aus dieser Erfahrung gewinnt auch der Humor *Thomas Manns* die Unmittelbarkeit, die im Leser tatsächlich Lachen hervorruft anstatt der kühlen Reaktion: ah, das ist humoristisch gemeint! Die Struktur des *Mann*schen Humors zeigt *Käte Hamburger* am gelungensten in ihrer Analyse der Geschichte von den *Vertauschten Köpfen*. Dort wird die Idee der Harmonie von Körper und Geist dem Spott preisgegeben, als die »schönhüftige Sita« die Köpfe der beiden gegensätzlichen Freunde Shridaman und Nanda vertauscht, um so einen idealen Gatten zu besitzen, der Geist besitzt und zugleich schön und stark ist. Der Humor der Geschichte entfaltet sich an der menschlichen Unvollkommenheit und an den vergeblichen Versuchen, ihr ein Schnippchen zu schlagen[167]. In ihrer eingehenden Untersuchung des *Joseph* zeigt *Käte Hamburger* dann die Thematik der Unvollkommenheit und Sehnsucht nach Vollkommenheit in ihren vielfältigen Formen als das Grundthema des »humoristischen Menschheitsromans«[168].

Das Thema des Humors und des Grotesken hat zu einer Reihe von Genre-Untersuchungen geführt. *Margret Eifler* untersucht das Groteske in ihrem Buch *Thomas Mann. Das Groteske in den Parodien »Joseph und seine Brüder«, »Das Gesetz«, »Der Erwählte«* (1970)[169],*Rainer Diederich* widmet einen Teil seiner Arbeit *Strukturen des Schelmischen im modernen deutschen Roman* (1971)[170] dem *Felix Krull*, und *Manfred Sera* analysiert den *Zauberberg* in seiner Studie

Utopie und Parodie bei Musil, Broch und *Thomas Mann* (1969)[171]. Von diesen Arbeiten ist die letztgenannte am interessantesten, weil sie sich mit dem Realitätsproblem auseinandersetzt und zugleich *Manns* Wirklichkeitsanalyse mit denen von *Musil* und *Broch* vergleicht. Leider versucht jedoch *Sera* den von *Musil* übernommenen Begriff der Utopie auch *Mann* aufzuzwingen, was scheitert. Wie immer man den *Zauberberg* auch sehen mag, mit *Musilscher* Utopie hat er nichts zu tun. *Manns* Bemerkung, daß es sich beim *Zauberberg* um eine »Parodie des Bildungsromans«[172] handle, ist zwar wichtig, jedoch darf man sie nicht zum Ausgangspunkt einer Interpretation machen, wie dies bei *Sera* geschieht. Daß die Parodie die Aufgabe hat, »die Irrealität des vermeintlich Realen zu enthüllen«[173], billigt man in Einzelfällen zu, aber insgesamt läßt sich diese Behauptung nicht halten. *Sera* übersieht, daß Parodie in den einzelnen Werken *Manns* durchaus verschiedene Funktionen haben kann.

Was den hier genannten Analysen thematischer Zusammenhänge in *Manns* Werk mit wenigen Ausnahmen gemeinsam ist, ist ihr Hang zum Typisieren. Es stellt sich daher die Frage, inwieweit Typisierung in der Literaturkritik methodisch haltbar ist. Zuerst ist dazu festzustellen, daß die Ergebnisse der meisten dieser typologischen Untersuchungen nicht den Aufwand rechtfertigen, mit dem das Thema behandelt wird. Ob es sich um *Manns* Kunstauffassung handelt oder um Ironie und Parodie, es sollte stets von der Struktur des Einzelwerkes ausgegangen werden. Wenn Kritik das Wirklichkeitsverständnis fördern soll, so ist gerade die begrifflichtypologische Methode am ungeeignetsten, zu einem solchen Verständnis zu verhelfen. Es gibt Forschungsgebiete, wo man ohne begriffliche Verengung nicht auskommt, die Literaturkritik bedarf aber einer solchen Verengung am wenigsten dort, wo es um zentrale Symbole einer vom Autor gemachten Existenzerfahrung geht.

Man könnte die Reihe der Einzeluntersuchungen beliebig fortsetzen, ohne damit einer vollständigeren Darstellung näher zu kommen. Hier sollen nur Beispiele gegeben werden für den gegenwärtigen Stand der kritischen Auseinandersetzung mit *Thomas Manns* Werk. Daß gerade die Untersuchungen, die ohne besonderen Begriffsapparat an die Interpretation einzelner Werke oder Werkgruppen herangehen, oft die besten Resultate zeitigen, sollte nach dem eben Gesagten nicht mehr erstaunen. Es gibt selbstverständlich auch unter thematisch orientierten Untersuchungen Ausnahmen, unter denen drei besonders hervorzuheben sind: *Herbert Lehnert, Thomas Mann – Mythos – Fiktion – Religion*[174], *Manfred Dierks, Studien zu Mythos und Psychologie bei Thomas Mann*[175] und schließlich die kleine Studie von *Herbert Anton, Die Romankunst Thomas Manns* (1972)[176]. Alle drei Untersuchungen haben gemein, daß sie ihre begrifflichen Ergebnisse analytisch aus den Einzeltexten herausschälen, anstatt Hypothesen am Werk auszuprobieren. Gerade *Lehnerts* Studie verdanken wir eine Reihe von Anregungen zur kritischen Analyse des *Mannschen* Werks[177]. Seine Untersuchung basiert auf folgender Überlegung:

> Wir haben in der Literaturwissenschaft erfahren, daß weder ihr ausschließlich geisteswissenschaftlicher Aspekt noch der ausschließlich werkanalytische befriedigend ist. Die Gefahr willkürlicher Spekulation ist in beiden Extremen offenbar. Weder ist ein sprachliches Kunstwerk Träger von Ideen, die herauspräpariert noch wissenschaftlichen Wert hätten, noch sind die Wörter, aus denen es besteht, eindeutige Zeichen, die ohne ein Orientierungssystem verstanden werden können. Will man sich hüten, seine eigenen Orientierungen in das Kunstwerk hineinzutragen, muß man sich die Mühe machen, die Orientierungen des Autors zu verstehen, freilich nur, um sich vor Fehlern zu hüten, nicht etwa, um diese Orientierungen auf die Werke direkt zu übertragen. Das gestattet der Begriff der Fiktion nicht, der eine integrierte »andere« Welt aus Sprache bezeichnet.[178]

Lehnerts Ansatzpunkt entspricht den Erfahrungen des Literaturwissenschaftlers ohne weiteres. Die Vorsicht bei der Interpretation, zu der er mahnt, ist durchaus zu beherzigen. Sein Fiktionsbegriff bereitet jedoch gewisse Schwierigkeiten, da er schroff gegen die ›wirkliche‹ Welt des Dichters abgesetzt ist. Dies muß in der Analyse dann hinderlich werden, wenn man es mit komplexeren Zusammenhängen als bloßen ›Weltanschauungen‹ oder, in *Lehnerts* Terminologie, einer »Metaphysik«[179] zu tun hat. Mit anderen Worten: Den technischen Aspekten seiner Auffassung vom literarischen Kunstwerk kann man zustimmen; wenn es aber zu den grundsätzlichen hermeneutischen Problemen des Kunstwerks und der Erfahrung kommt, so ist mit seinem Fiktionsbegriff wenig anzufangen. So klar *Lehnerts* Einzelinterpretationen z. B. des *Mannschen* Frühwerks sind, so unklar bleibt die Antwort auf die Frage nach der Wirklichkeit. *Lehnerts* Untersuchungen sind dann hilfreich, wenn man das Fiktionsproblem einfach ignoriert und seine Analysen als das nimmt, was sie in Wahrheit sind: Studien zum Bewußtseinsproblem bei *Thomas Mann*. *Lehnert* bietet die bestdokumentierte Motivforschung zu *Thomas Mann*, weist auf zahllose wichtige Details im Text hin und setzt das Werk unaufdringlich gegen seinen historischen Horizont ab. Besonders sein Kapitel »Thomas Manns Lutherbild«[180] verdient Erwähnung, weil es mit peinlicher Genauigkeit die religiösen Restbestände in *Thomas Manns* Erziehung registriert und *Manns* spätere Stellungnahmen vor allem zum Protestantismus untersucht. *Lehnert* berichtet über *Manns* intensive Lutherstudien gegen Ende seines Lebens, als er sein Schauspiel über *Luther* plante. All dies wird aber von *Lehnert* stets im Zusammenhang mit seinem Hauptthema, *Thomas Manns* »dynamischer Metaphysik«, gesehen[181]. Wiederum sollte man sich nicht an dem Begriff stoßen, denn was *Lehnert* damit meint, ist einfach die Tatsache, daß *Thomas Manns* Bewußtsein sich ständig an verschiedenen Vorbildern orientierte, und zwar mit einer Dynamik, die entsteht, wenn man wie *Mann* in Gestalten denkt und einem auch Begriffe

zu Gestalten werden. *Lehnerts* kritische Methode mit ihrer
starken Betonung der Dokumentation der Analyse und ihrer
Ausrichtung an »Orientierung« und »Struktur« ist innerhalb
der Thomas-Mann-Kritik die einzige, die auch Wirkung auf
andere Kritiker ausübt.

Lehnert hat mit dem Titel seines Buchs *Thomas Mann – Fiktion, Mythos, Religion* das Thema ›Mythos‹ angeschlagen; das
Interesse für diesen Gegenstand ist im Anwachsen begriffen
und hat bereits zu einer langen Reihe von Artikeln und Büchern geführt. Es besteht allerdings wenig Grund, auf diese
Mythos-Literatur im einzelnen einzugehen, da sie sich zum
größten Teil an einem zuerst in der amerikanischen Kritik
topisch gewordenen Mythosbegriff orientiert und nicht nen-
nenswert an der wissenschaftlichen Diskussion zum mythischen Bewußtsein teilnimmt[182]. Dies wird sehr anschaulich in
Harry Slochowers Kapitel über *Manns Zauberberg* und *Doktor Faustus,* »Threat and Promise in Germanic Insulation«[183].
Er schreibt dort:

Awareness of man's mythic role constitutes for Mann »the lived
myth,« and choice of the **high** norms of a tradition signifies
»the birth of the Ego out of his mythical collective.«[184]

Slochower glaubt vier »mythic levels« in *Manns* Werk zu entdecken:

the Germanic in **Buddenbrooks** and **Death in Venice,** the Euro-
pean in **The Magic Mountain,** the international in the **Joseph**
story and the Fascist transformation of primitive Teutonism
in **Doctor Faustus.** In each, Mann counterposes the human to
the inhuman myth.[185]

Diese Verallgemeinerung des Wortes von der »Umfunktio-
nierung des Mythos ins Humane«, das *Thomas Mann* gelegentlich gebrauchte[186], um seinen *Joseph* als Gegenbild gegen
den nationalsozialistischen Blut-und-Boden-Mythos hinzu-
stellen und als zeitkritisch erscheinen zu lassen, wird hier von
Slochower verabsolutiert und auf das Gesamtwerk ange-

wandt. So sieht er dann z. B. mythische Figuren in den Helden der *Mannschen* Romane und erhebt die von *Mann* kritisierte deutsche Ideologie zu guter Letzt eben doch auf das Niveau des Mythos, wo Mann betont vom »Surrogat«[187] gesprochen hatte.

Das Interesse am Mythos hat sich zumeist in den zahlreichen Untersuchungen mythologischer Motive in *Manns* Werk niedergeschlagen. Das weitaus beliebteste ist das Hermes-Motiv, das in vielfältigen Bedeutungszusammenhängen steht. U. a. haben sich *Helmut Koopmann* in seinem Kapitel »Die Kategorie des Hermetischen im ›Zauberberg‹«[188] und *Terence Thayer* in einem Artikel *Hans Castorp's Hermetic Adventures*[189] damit beschäftigt. Doch die Ergebnisse dieser Untersuchungen sind enttäuschend. So sieht zwar *Koopmann* sehr genau, daß das Hermes-Motiv etwas mit der im *Zauberberg* symbolisierten Realität zu tun hat, aber er sagt nicht, worin der Zusammenhang besteht. Man kann, ohne zu spekulieren, sehr genau sagen, was das Hermes-Motiv mit *Manns* Verständnis der Realität, besonders ihrer politischen und geschichtlichen Dimension, zu tun hat. Es geht dabei z. B. um die Haltung der politischen ›Verschlagenheit‹ im zeitlichen Ablauf der Ereignisse. *Mann* zeigt deutlich, wie etwa der hermetisch-verschlagene Politikertyp in gewissen geschichtlichen Situationen warten muß, bis die Ereignisse ihm Gelegenheit zum Handeln geben, wie er sich zugleich aber auf dieses Handeln vorbereiten kann[190]. All diese Dinge lassen sich jedoch nur dann sehen, wenn man einem Kunstwerk Realitätsbezug zuerkennt. Und hier hätte die am Mythischen interessierte Kritik erheblich mehr Chancen, zur Realität durchzubrechen, als andere Zweige der Kritik[191].

In dieser Hinsicht zeigt z. B. *Manfred Dierks'* Arbeit, *Studien zu Mythos und Psychologie bei Thomas Mann,* wie die Forschung sehr viel zur Klärung der Entstehung bestimmter Symbole bei *Mann* beitragen kann. *Dierks* hat besonders in seinen Untersuchungen der Vorstudien *Manns* zum *Joseph* große Sorgfalt walten lassen und sich auch eingehend mit den von

Mann zur Arbeit herangezogenen Schriften beschäftigt[192].
Dennoch entheben derartige Funde der Thomas-Mann-Forschung den Kritiker nicht des theoretischen Problems einer Deutung des Realitätsbezugs von *Manns* Werk.

Daß es Ansatzpunkte für eine realitätsbezogene Motivforschung gibt, dafür sei hier zuletzt *Herbert Antons* kleine Studie *Die Romankunst Thomas Manns* aufgeführt. In ihr geht der Verfasser den Motiven ›Geburt‹, ›Schein‹ und ›Erscheinung‹ im Werk *Manns* nach[193]. Im Geburtsmotiv mit seinen Verästelungen, in den Fragen der Vererbung in *Buddenbrooks*, den Fragen nach Woher und Ursache in den *Betrachtungen* und dem *Zauberberg* und in der eingehenden Meditation über den Anfang im Vorspiel zum *Joseph* sind in der Tat zentrale Motive zu sehen. *Anton* stellt die von ihm behandelten Motive in einen hermeneutischen Zusammenhang, indem er in ihnen »elementare Formen des Verstehens«[194] sieht:

> Die »Zusammensetzung« elementarer Formen des Verstehens verleiht Thomas Manns Romanen hermeneutische, im Unterschied zu zeitgeschichtlicher Aktualität. Denn sie enthüllen Strukturen, welche Wirklichkeitserfahrung konstituieren, und demonstrieren die hermeneutische Relevanz der Traumtheorie, die Joseph dem eingekerkerten Schenken und dem Bäcker zu erläutern versucht, wenn er sagt: »Ich will euch das Geheimnis der Träumerei verraten: Die Deutung ist früher als der Traum, und wir träumen schon aus der Deutung.«[195]

Indem *Anton* mit diesem Zitat auf die hermeneutische Aktualität des *Mannschen* Werks aufmerksam macht, weist er sich als einer der wenigen aus, die hinter die besonderen Zusammenhänge von *Manns* Wirklichkeitsverständnis sehen. Die Rolle des Traums als Mittel der Erkenntnis der Wirklichkeit ist dabei zentral. Sie hängt eng mit dem Problem von Ursache und Wirkung zusammen, dem Problem der Zeit und der Frage nach der Priorität der Seele vor der Materie. Anfang, Grund, Woher, Vergangenheit, Umkehrung im Traum: hier liegen die Elemente, mit deren Hilfe die Realität sich im

Bewußtsein konstituiert[196]. Wie dies geschieht und welche Rolle historische und gesellschaftliche Krisen im persönlichen Bewußtseinsprozeß spielen, davon handelt eigentlich das ganze Werk von *Thomas Mann*.

4.3. Werkinterpretationen

Es liegt nahe zu erwarten, daß systematische Interpretationen von *Manns* Erzählungen und Romanen oft besser in der Lage sind, die Realitätsaspekte dieser Werke zu erhellen, als dies die thematischen Untersuchungen vermögen. Tatsächlich läßt sich von einigen Einzelinterpretationen sagen, daß der Realitätsbezug der *Mannschen* Erzählkunst dort zumindest nicht ausgeklammert wird. Hierbei ist vor allem *Hermann J. Weigands* schon 1933 geschriebener Arbeit *Thomas Mann's Novel »Der Zauberberg«*[197] zu gedenken, die auch heute noch zur Lektüre eines jeden gehören muß, der sich eingehender mit *Mann* beschäftigt. *Weigands* Klassifizierung des *Zauberbergs* als »novel of self-development«[198] ist eine terminologische Verbesserung gegenüber der naiven Klassifizierung als ›Bildungsroman‹, auch wenn gelegentlich Kritiker – wie *Jürgen Scharfschwerdt* in seinem *Thomas Mann und der deutsche Bildungsroman* (1967)[199] – davon keine Kenntnis nehmen. *Koopmanns* Begriff des »intellektualen Romans« entspricht *Weigands* Klassifizierung im übrigen nur zum Teil[200]. Die Stärke einer Interpretation wie der *Weigands* zeigt sich vor allem darin, wie er die systematische Gliederung der Organisation des *Zauberbergs* sowie die Entwicklung der wesentlichen Symbole herausarbeitet und wie er auf den Ergebnissen solcher Analyse seine Besprechung des Wirklichkeitsbezugs aufbaut. *Weigand* gibt diese Besprechung in zwei Kapiteln, deren Titel heute vielleicht etwas unbeholfen klingen mögen, deren Inhalt es aber keineswegs ist: »What is German?« und »Mysticism«. Der Nachdruck, den *Weigand* auf die »structural organization«[201] des Romans legt, ist nicht eine persönliche Vorliebe des Interpreten, sondern die Methode, mit Hilfe derer die symbolisch gestaltete Erfahrung wissenschaftlich kommunizierbar wird. Und es kann nicht nachdrücklich genug betont werden, daß man hier *Manns* Äußerungen Gehör schenken sollte, der selbst über seinen *Zauberberg* gesagt hat: »Das Buch ist selbst das, wovon es erzählt.« Damit meinte *Mann* die Verschränkung von Romanstruktur und dargestellter Erfahrung. Dies gilt nicht nur für den *Zauberberg*, sondern ist eben jenes Formprinzip des ›intellektuellen Romans‹, das *Manns* Werk deutlich von seinen Vorbildern abhebt.

Wenn dieses Prinzip ernst genommen wird, dann wird eine Interpretation erst sinnvoll. *Francis Bulhof* hat in seiner 1966 erschienenen Dissertation *Transpersonalismus und Synchronizität. Wiederholung als Strukturelement in Thomas Manns »Zauberberg«*[202] gezeigt, daß begriffliche Bindung der Interpretation – in seinem Fall an das Leitmotiv – sehr wohl realitätsbezogen sein kann. Denn die genaue Analyse zentraler Bewußtseinsstrukturen, z. B. die der Wiederholung, macht weitere Analysen möglich. *Bulhof* hat in seinem Kapitel »Rückwendung und Vorausdeutung im ›Zauberberg‹«[203] deutlich gemacht, wie wichtig für das Verständnis der Wirklichkeitsanalyse im *Zauberberg* die genaue Koordinierung der verschiedenen Zeitdimensionen ist. *Bulhofs* Arbeit eröffnet Zugang zu einem solchen Verständnis und zeigt wiederum die Überlegenheit der Werkanalyse über typologische Untersuchungen. Ein Vergleich z. B. mit *Richard Thiebergers* Studie *Der Begriff der Zeit bei Thomas Mann*[204] macht dies klar. *Thieberger* gelingt es nicht, über die Darstellung der Zeitaspekte in *Manns* Werk hinaus zur Frage der symbolischen Funktion der Zeit vorzustoßen, weil er in der Zeit einen Begriff sieht. Dies hat *Ulrich Karthaus* in einem Artikel[205] anschaulich kritisiert.

Was *Weigand* und *Bulhof* für den *Zauberberg* getan haben, hat *Gunilla Bergsten* 1963 für den *Doktor Faustus*[206] versucht. Es geht *Bergsten* dabei vor allem um die Quellen, von denen *Mann* in seinem Roman bekanntlich großen Gebrauch gemacht hat. Besonders die Verwendung von Zitaten wird hier untersucht, bevor der Roman der Interpretation unterzogen wird. *Bergsten* hat in der Tat eine Reihe wichtiger Nietzsche-Stellen dem Text gegenübergestellt[207] und auch bereits den Einfluß *Adornos* auf das Buch dokumentiert[208]. Dennoch wird man das Gefühl nicht los, daß *Thomas Mann* es verstanden hat, seine Interpreten und Kritiker mit schwierigeren Problemen zu konfrontieren, als diese mit ihren oft beschränkten philosophischen Kenntnissen bewältigen können. Die verschlüsselten Anspielungen auf *Nietzsche* etwa hat *Bergsten* nicht gefunden; gerade hier lägen aber oft wichtige Hinweise sowohl für *Manns Nietzsche*-Bild wie für das Realitätsproblem des Faustus[209].

Bemerkenswert ist, daß weder zu *Joseph und seine Brüder* noch zu *Felix Krull* ähnlich detaillierte Interpretationen vorliegen wie zu den genannten Werken. Im Falle des *Joseph* ist diese Erscheinung damit zu erklären, daß die Symbolik des Werks mehr Anlaß dazu gegeben hat, sich mit dessen mythologischen Anspielungen zu beschäftigen, als dazu, unter Beachtung des mythologischen Symbolapparates auf die spezifische Struktur des *Joseph* einzugehen. Beispielhaft für diese letztlich periphere Art der Analyse ist *Willy Bergers* 1971 erschienene Arbeit *Die mythologischen Motive in Thomas Manns Roman »Joseph und seine Brüder«*[210]. Man erfährt aus dieser Arbeit mehr über das ägyptische Altertum und die eleusinischen Mysterien als über den *Joseph*-Roman. Dadurch wird das Werk in die Schattenwelt der Ungeschichtlichkeit verwiesen, die seiner Bedeutung als geschichtsphilosophischem Roman direkt entgegensteht. Ähnlich oberflächliche Gesichtspunkte scheinen auch die Untersuchung des *Felix Krull* bisher beeinflußt zu haben. Wenn der Bezug zur modernen geschichtlichen Erscheinungswelt nicht unmittelbar hergestellt werden kann, dann begnügt sich die Kritik einstweilen mit Archäologie.

5. Gesellschaft und Geschichte

5.1. Politische Kritik auf der Suche nach ihrem Gegenstand

Bis zuletzt sind im vorliegenden Forschungsbericht jene Analysen des *Mannschen* Werks aufgespart worden, die sich mit dessen geschichtlichen und politischen Aspekten befassen. Dafür gibt es mehrere Gründe. Der Hauptgrund liegt in der wissenschaftlichen Situation der Literaturkritik selbst. Nach einer bestimmten Auffassung ist Literatur ein in sich geschlossenes hermeneutisches System, dessen Erforschung nur dann wissenschaftlich ist, wenn sie sich strikt innerhalb dieses Systems bewegt und bewußt den Bezug auf die außerhalb des Systems liegende Realität vermeidet. Daß dies in der Praxis so strikt nicht durchgehalten werden kann, dafür ist in den vorangegangenen Abschnitten Beweismaterial erbracht worden. Einer anderen Auffassung zufolge gehört Literatur zum gesellschaftlichen ›Überbau‹, und Literaturkritik wird daher zur gesellschaftlichen Ursachenforschung, die im literarischen ›Überbau‹ schließlich Belege dafür findet, was sie mit sozialwissenschaftlichen Methoden ohnehin bereits herausgefunden zu haben glaubt. Dies bedeutet nicht, daß jene Kritik stets konsequent an ihrem Objekt vorbei interpretiert. Es kommt auch ein wenig auf dieses Objekt an, und wenn das Objekt *Thomas Mann* heißt, dann können die Resultate gesellschaftsbezogener Interpretation durchaus interessant sein. *Georg Lukács* und *Hans Mayer* haben dies in ihren Studien zu *Thomas Mann* unter Beweis gestellt. *Lukács,* indem er *Thomas Mann* zum zentralen Kritiker der deutschen ›Zerstörung der Vernunft‹ macht[211], *Mayer,* indem er, subtiler als *Lukács,* *Thomas Mann* als ›Repräsentanten‹ und als ›Märtyrer‹

sieht[212], als einen, der den Willen zur Ordnung in der Gesellschaft repräsentieren will, der aber von der etablierten Ordnung ins Außenseitertum abgedrängt wird.

Thomas Mann ist politisch kein unbeschriebenes Blatt. Um dies zu sehen, muß man gar nicht erst versuchen, politisch Relevantes aus seiner Kunst herauszuziehen, er hat sich ja selbst zur Genüge direkt zur Politik geäußert[213]. Damit ist es aber nicht genug. *Manns* Äußerungen haben den lautesten Widerhall gefunden, der jemals politischen Äußerungen eines Künstlers in Deutschland zuteil wurde. Nun wäre es freilich einfacher, wenn man *Manns* politische Äußerungen säuberlich von seinem erzählerischen Werk trennen und sich dann in Ruhe dem ›politischen‹ *Thomas Mann* und dem Echo, das er fand, zuwenden könnte. Aber ob dies geht, ist nun gerade die Frage.

Die Antwort marxistischer Kritiker zu dieser Frage ist klar. Nein, das gehe nicht, sagen sie, denn es könne leicht nachgewiesen werden, daß es *Mann* in seinen Romanen und Erzählungen genauso ums Politische gegangen sei wie in seinen politischen Essays und Reden. Und daß die Kritik dies meist übersehe, zeige eben nur deren eigenes Versagen vor den politischen Problemen, die *Mann* selbst bereits gesehen habe. Aber worin bestehen die Probleme, die *Thomas Mann* gesehen haben soll? Man sehe sich daraufhin einige Zusammenfassungen von Werkanalysen an, die *Inge Diersen* 1959 in ihrem Buch *Untersuchungen zu Thomas Mann* gab. Am Schluß ihrer Untersuchung von *Buddenbrooks* schreibt sie:

> Die Genesis-Gestaltung umfaßt gerade jene Abschnitte der bürgerlichen Entwicklung – den Auseinanderfall von kultureller Tradition und kapitalistischer Entwicklung –, die für die Behandlung der Künstlerproblematik die reale Basis herstellen: den Konflikt des verantwortungsbewußten, den humanistischen Traditionen verhafteten Bürgers mit den von seiner eigenen Klasse geschaffenen Bedingungen. Die Kluft, die sich in der bürgerlichen Gesellschaft zwischen dem Bereich der Kunst und Kultur und dem der ökonomisch-politischen Praxis aufgetan hat, treibt die Kunst in eine Isolation, die dort, wo sie unkritisch reflektiert

wird, im Extrem zu einer Apologie der Lebensfeindlichkeit der Kunst führen kann, [...]²¹⁴

Zum *Zauberberg* führt *Inge Diersen* aus:

> Die realen Möglichkeiten, die ein Hans Castorp in der von Thomas Mann gestalteten Welt hat, geben objektiv keine »befriedigende Auskunft« über »Sinn und Zweck des Lebensdienstes«; durchbräche er, etwa dem Rate Settembrinis folgend, den Zauberbann, so wäre sein »Lebensdienst« tätiges Leben als Bourgeois. Unter der Voraussetzung, daß für Thomas Mann eine konkret greifbare Perspektive, die über die bürgerliche Klasse und ihre Welt hinausweist, nicht existiert, könnte er nur Scheinlösungen als Perspektive ausgeben. Der Verzicht auf Scheinlösungen aber bewahrt der Gestaltung den Realismus.²¹⁵

Mann wird hier als ›Realist‹ gezeichnet, weil er gesellschaftliche ›Tatsachen‹ gestaltet, ›ökonomisch-politische‹ Konflikte sieht, jedoch keine ›Scheinlösungen‹ anbietet, da er offenbar weiß, daß die einzige echte Lösung die Verwandlung der bürgerlichen Gesellschaft in eine sozialistische wäre, und er erst den Gang der historischen Ereignisse abwarten muß, durch den eine solche Lösung zur Tatsache werden kann. Denn man ist eben nur Realist, wenn man Tatsachen und Konflikte *gestaltet*, aber die historische und gesellschaftliche Aufgabe ihrer Lösung der Klasse des Proletariats überläßt. *Lukács* nennt dies bekanntlich ›bürgerlichen Realismus‹ im Unterschied zu ›sozialistischem Realismus‹²¹⁶, da der sozialistische Realismus erst möglich wird, wenn die Lösung des Hauptproblems, der kapitalistischen Klassengesellschaft, vollzogen ist.

Mag man auch gelegentlich die Reduktion des *Mannschen* Werks auf den ökonomischen Aspekt der Realität als befreiend empfinden nach den häufigen Exkursen der nichtmarxistischen Germanistik in germanistische Realität, so stellen sich doch Bedenken ein, wenn man weiter fragt: Wie kommt es, daß *Thomas Mann* ein so braver Realist war und sich scheinbar unbewußt an die historischen Richtlinien gehalten hat, die im Marxismus formuliert worden sind? Auf diese Frage geben die konkreten marxistischen Analysen keine Antwort. Wie *Urs Jaeggi* feststellt:

Wenn nun eine kausale Beziehung zwischen den literarischen Werken und einem Kollektivbewußtsein jener sozialen Gruppe bestehen soll, denen diese Werke entstammen, dann gilt es zu fragen, ob in unserer Gesellschaft ein Kollektivbewußtsein existiert und welches Bewußtsein der Schreibende anvisiert: das seiner eigenen Klasse oder das jener Klasse, die am deutlichsten sowohl die Abhängigkeit als auch die Entfremdung zeigt.[217]

Dieses bekannte Problem führt weiter zur Frage geistiger Ordnungskonzeptionen, dem Wissen um die verschiedenen Aspekte der Realität, zu denen *auch* der ökonomische Aspekt gehört, aber eben nur unter anderem. ›Klasse‹, ›Kollektivbewußtsein‹, ›Entfremdung‹ – all dies sind Symbole, mit denen gesellschaftliche Erfahrungen auf ihren Grund hin ausgelegt werden. Dabei sollte auch eine marxistische Untersuchung, die nach *Manns* historischem und politischem Realismus fragt, nicht an der Stelle aus dem »Vorspiel« zu *Joseph und seine Brüder* vorbeigehen, wo es heißt:

Das war der ›Garten Eden‹ nicht, es war die Hölle. Vielmehr war es der erste, verfluchte Zustand nach dem Fall. Nicht hier, nicht am Anfange von Raum und Zeit wurde die Frucht vom Baume der Lust und des Todes gebrochen und gekostet. Das liegt vorher. Der Brunnen der Zeiten erweist sich als ausgelotet, bevor das End- und Anfangsziel erreicht wird, das wir erstreben; die Geschichte des Menschen ist älter als die materielle Welt, die seines Willens Werk ist, älter als das Leben, das auf seinem Willen steht.[218]

Es sieht nicht so aus, als ob diese Zeilen eine Eingebung des Augenblicks gewesen seien, der Fiktion dienend. Nicht am Anfang von Raum und Zeit beginnen Entfremdung, materielle Welt und Geschichte des Menschen, sondern außerhalb der Zeit.

Was mit dem Zitat aus *Joseph und seine Brüder* angedeutet werden soll, ist folgendes: In einer Untersuchung von *Manns* Werk gehören die geschichtlichen und politischen Aspekte zusammen, denn *Mann* war in erster Linie Erzähler und nur in zweiter politischer Essayist. Daran wird nicht einmal der überzeugteste marxistische Kritiker Zweifel üben. Ferner ist zu beachten, daß *Mann* ein Mensch war, der keineswegs allwissend sich zu konkreten politischen Problemen äußern konnte, der sich genauso wie jeder andere auf Grund seiner begrenzten Kenntnis politischer Tatsachen eine Meinung bilden mußte und der daher nicht frei von Irrtümern sein konnte. Man möchte sogar noch hinzufügen, daß *Mann* keineswegs immer ›Realist‹ war, wenn es um politische Probleme ging, weder zur Zeit der *Betrachtungen* noch zur Zeit seiner häufigen Bemerkungen über *Stalin* und den Sozialismus. Was *Mann* in erster Linie tat, war dasselbe, was jeder einigermaßen sensitive Mensch und Künstler tut: er versuchte festzustellen, was um ihn herum vorging, und zu sehen, ob diese Vorgänge so wichtig waren, daß sie seine menschliche und künstlerische Existenz beeinflußten oder gar in Frage stellten.

Mann lebte zuerst in einer Zeit, in der man von der Relevanz des Politischen für die menschliche Existenz nicht sehr überzeugt war und umgekehrt dem Künstler nicht zutraute, daß er etwas vom Politischen verstehen könne. Dies führte zu einer Scheinfreiheit der Kunst in der Wilhelminischen Ära, die *Mann* in den *Betrachtungen* noch verteidigte[219]. Mit dem Ausbruch des Ersten Weltkriegs änderte sich diese Situation schlagartig, und von da an wurden politische Ereignisse auf solch penetrante Weise relevant, daß der Mensch und Künstler *Thomas Mann* sich genötigt sah, sich mit ihnen offen auseinanderzusetzen. Dies tat er auf zwei Ebenen und mit zwei Zielen. Die eine Ebene war die der direkten politischen Stellungnahme zu politischen Ereignissen, Institutionen und Ideologien; die andere war die der systematischen Erforschung des eigenen Bewußtseins und seiner Erfahrung von den Zusammenhängen zwischen Bewußtsein und Außenwelt. Das heißt, *Mann* setzte sich theoretisch mit Grundfragen der politischen Realität auseinander. Diese beiden Ebenen sind keineswegs strikt voneinander zu trennen, sie durchdringen sich bei *Mann* schon deswegen, weil seine Äußerungen zu konkreten politischen Fragen auf heftige Reaktionen, teils zustimmende, zum großen Teil aber ablehnende, stießen. *Mann* lernte einiges aus den Reaktionen auf seine Äußerungen, das sich dann wieder im Prozeß der politischen Analyse verwenden ließ. Diese Analyse von Politik und Bewußtsein entwickelte sich allmählich aus ihren Ansätzen im Frühwerk zur Geschichtsphilosophie des *Joseph,* der *Lotte in Weimar,* des *Doktor Faustus* und – im Medium des Humoristischen – des *Krull.* All dies ist an und für sich ein natürlicher Prozeß bei einem Menschen mit Begabung für erzählerische Zusammenhänge, einem Blick für Menschentypen und einem wachen Intellekt. Es führte aber in *Manns* Leben zu erheblichen Verwicklungen, da die gesellschaftliche Wirklichkeit oft mehr als Analyse, nämlich Handlung, erforderte.

Harry Matters Bibliographie verzeichnet unter dem Abschnitt »Politik und Gesellschaft« nicht weniger als 1208 Einträge[220]; der Stand ist das Jahr 1969. Den Großteil davon bilden allerdings nicht wissenschaftliche Untersuchungen, sondern publizistische Essays zum ›Problem Thomas Mann‹. Eine repräsentative Übersicht der letzteren gibt *Klaus Schröters* bereits genannte Dokumentation *Thomas Mann im Urteil seiner Zeit.* Die wissenschaftliche Literatur ist hauptsächlich von Germanisten verfaßt, nur ein geringer Teil stammt von Politikwissenschaftlern. Dies ist einigermaßen erstaunlich, denn es wäre doch zu fragen, ob die Politische Wissenschaft nicht etwas zu *Thomas Manns* geistiger Ordnungskonzeption zu sagen hätte. Doch offensichtlich herrscht unter Politikwissenschaftlern eine allzu große Bescheidenheit, die sich in Zurückhaltung gegenüber einem Thema zeigt, zu dem die ›Kollegen vom Fach‹ angeblich mehr sagen können. *Kurt Sontheimer* formuliert dies so:

> [...] wenn es zutrifft, daß es keinen Automatismus der Verhältnisse gibt, der zur Folge hätte, daß diese Verhältnisse sich aus der produzierten Literatur als deren Widerspiegelung einfach deduzieren lassen, dann ist die Sichtbarmachung der Vermittlung von Literatur und Gesellschaft, die Interpretation von Literatur aus

einem politischen Kontext heraus, ganz offensichtlich ein schwieriges Unterfangen. Es wird gewiß nicht leichter dadurch, daß man monoton stets von neuem verlangt, es seien die sozio-ökonomischen Bedingtheiten literarischen Schaffens und literarischer Produktion zu ermitteln. Es muß methodisch überzeugend geleistet werden können. Darin liegt meines Erachtens das eigentliche Problem der Analyse von Literatur im Kontext des Politischen.

Ich kann – auch als Politikwissenschaftler nicht – weder den Anspruch erheben, das dafür notwendige methodische Rüstzeug entwickeln zu können, noch ist es meine Absicht, an einem konkreten Beispiel darzutun, wie man vorgehen müßte, wenn man Literatur im politischen Kontext sehen und interpretieren will.[221]

An diesem Zitat wird deutlich, daß es einem liberalen Politikwissenschaftler wie *Kurt Sontheimer* nur um die »Analyse von Literatur im Kontext des Politischen« geht. Das Wort ›Kontext‹ ist dabei aber genauso vage wie der Begriff des ›Politischen‹. Wenn *Sontheimer* damit den institutionellen Teil der politischen Realität, d. h. den Bereich politischer Phänomene meint, so ist in der Tat die Analyse von ›Literatur‹ in diesem ›Kontext‹ ein kompliziertes soziologisches Unterfangen, bei dem sowohl soziologische wie literaturwissenschaftliche Methoden angewandt werden müssen, um über den phänomenologischen Bereich etwas zu erfahren.

Wenn man aber den Bereich der politischen Phänomene aufgebaut sieht auf geistigen Ordnungskonzeptionen, die ihren Ursprung im menschlichen Bewußtsein haben und die Wechselwirkung zwischen dem Bereich der Phänomene und dessen noetischen Grund widerspiegeln, so läßt sich der Begriff ›Literatur‹ nicht unkritisch verwenden. Denn weder ›Literatur‹ noch ›Dichtung‹ sind ja Begriffe von Objekten in der gesellschaftlichen Realität, sondern bereits selbst Symbole, die gewisse Ordnungskonzeptionen voraussetzen. So gehört es mit zum Selbstverständnis moderner Gesellschaften, daß ›Literatur‹ ein ästhetisches Produkt ist. Der Schöpfer von ›Literatur‹ stellt Zusammenhänge im Bereich der Phänomene dar, indem er sie in ein ästhetisches Ordnungsschema einordnet. Wenn dies geschehen ist, dann haben diese Phänomene nicht mehr dieselbe Bedeutung wie vorher, sind also z. B. für einen Politikwissenschaftler nicht mehr primäre Daten für seine Untersuchung phänomenologischer politischer Wirklichkeit, sondern informieren bestenfalls über bestimmte Bewußtseinslagen in dem gesellschaftlichen Bereich, dem der Künstler als Schöpfer des literarischen Dokuments angehört. Da gibt es dann eine »liberal imagination« *(Trilling)*, eine »konservative Phantasie« *(Heller)* oder ein proletarisches bzw. bürgerliches Bewußtsein, das sich an Hand von Literatur untersuchen läßt.

Daß aber ›Literatur‹ eventuell ein Ergebnis von Untersuchungen der Realität sein kann, daß sie sogar selbständige, der ›Wissenschaft‹ ebenbürtige Analyse politischer Realität darstellen kann, wird meistens nicht zugegeben[222], obwohl entsprechende Belege kaum zu übersehen sind: Fragt man etwa, woher wir die politischen Ordnungskonzeptionen, das politische Verhalten und die politischen Institutionen des antiken Mykene kennen, so muß die Antwort doch wohl lauten: in erster Linie durch *Homer*[223].

Könnte es also nicht sein, daß eine politikwissenschaftliche Untersuchung der Werke *Thomas Manns* diese nicht als Literatur im soziologischen Sinn, sondern als unabhängige Quelle der Erkenntnis von politischer Realität im phänomenologischen wie im noetischen Bereich ansieht? Könnte es nicht sogar geschehen, daß der Politikwissenschaftler etwas von dem ›Laien‹ *Thomas Mann* zu lernen vermöchte?

Die meisten der hier behandelten Analysen von *Thomas Mann* als politischem Schriftsteller erfüllen diese Erwartung nicht. (Dies gilt sogar von einem so sehr politisch orientierten marxistischen Kritiker wie *Lukács*. Denn was er von *Mann* über die deutsche Realität lernen könnte, glaubt er natürlich schon vorher zu wissen.) So werden auch zumeist nur Manns Essays und politische Reden untersucht, da dort am ehesten etwas vorzuliegen scheint, was für solche Politikwissenschaftler relevant ist, die an politischen ›Meinungen‹ interessiert sind.

Kurt Sontheimers 1961 erschienenes Buch *Thomas Mann und die Deutschen*[224] ist ein ausgezeichnetes Beispiel für die oben geschilderte Klasse politikwissenschaftlicher Literaturanalysen. *Sontheimer* führt sein Thema folgendermaßen ein:

> Eine Darstellung des Wechselverhältnisses zwischen Thomas Mann und den Deutschen wird notwendigerweise zu einer Darstellung von Thomas Manns Wirken als politischer Schriftsteller. Indem der Dichter sich der Frage zuwandte, was denn eigentlich das reale Wesen des Deutschtums ausmache, und wie das reale Deutschland seiner Umwelt mit den von ihm vertretenen geistigen Ansprüchen an die deutsche Kulturnation harmoniere, wurde er – zunächst ohne es zu wollen – zu einem politischen Schriftsteller.[225]

Sontheimer geht hier also von der These aus, daß *Thomas Mann* sich zu einem bestimmten Zeitpunkt der Frage zugewandt habe, »was denn eigentlich das reale Wesen des Deutschtums ausmache«. Der Grund zu dieser Frage wird in der Disharmonie zwischen »realem Deutschland« und der »deutschen Kulturnation« gesehen. Demgemäß setzt *Sontheimers* Untersuchung im Jahre 1914 ein, da zu dieser Zeit der Krieg eine solche Frage mit Bestimmtheit in das Bewußtsein des Dichters gebracht haben muß und auch gebracht hat, wie die gleich nach Kriegsbeginn erschienenen *Gedanken im Kriege*[226] beweisen.

Daß die Stimmung patriotischer Begeisterung für viele ein Anlaß war, sich mit Politik zu beschäftigen, sieht *Sontheimer* zwar, aber er beachtet nicht, daß sich *Mann* in bestimmter Hinsicht von den vielen anderen unterscheidet und daß es deswegen notwendig ist, die Besonderheiten der *Mannschen* Entwicklung auf ihre Ursachen hin zu verfolgen[227]. *Sontheimer* betont, daß *Thomas Mann* im »Politischen ein Teilgebiet des Menschlichen«[228] gesehen hat, das man »nicht außer acht lassen dürfe, wenn man dem Humanen voll gerecht werden wolle«[229]. Aber gerade hier müßte eine Untersuchung zeigen, warum und wie *Mann* zu einer solchen Einsicht gekommen ist, die ja immerhin einen klaren Ordnungsanspruch stellt. Das Resultat der *Mannschen* Entwicklung wird von *Sontheimer* allerdings deutlich gesehen:

> Er [Mann] meinte zu sehen, daß der Verzicht des Geistes auf die Politik, wie er ihm für die deutsche Kulturtradition bestimmend zu sein schien, eine Selbsttäuschung sei, die dem Geist nicht zugute käme, denn man entgehe damit keinesfalls der Politik, sondern gerate durch die a-politische Haltung, mit welcher man sich abzuschirmen hoffe, erst recht auf die falsche Seite. Man mag über die Gültigkeit dieser Behauptung geteilter Ansicht sein. Die Erfahrung indes, aus welcher Thomas Mann sie herleitete, rechtfertigt sie zumindest für jene Epoche deutscher Geschichte, die Thomas Mann mit seinen politischen Stellungnahmen begleitet.[230]

Dieses Zitat wirft weitere Fragen auf, die *Sontheimer* nicht beantwortet. Warum kann man über die Gültigkeit von *Manns* Behauptung geteilter Ansicht sein und zugleich sagen, daß die Erfahrung, aus der Mann sie herleitet, diese Behauptung für die folgende Epoche der deutschen Geschichte rechtfertigt? Entweder ist die Behauptung nicht gültig – und dafür sprechen in der Tat einige Indizien, denn mit dem deutschen Geist war im 19. Jahrhundert so manches geschehen[231] –, dann wäre ja gerade *Manns* Auffassung vom Geist eine Gefahrenquelle für die deutsche Politik geworden; oder Manns Geistauffassung ist richtig, dann läßt sich eben nicht geteilter Meinung darüber sein, daß der Geist in der Politik etwas zu suchen habe. Dies sind theoretische Einwände, die gemacht werden müssen, nicht um *Sontheimers* Buch zu kritisieren, sondern um die Problematik anhand von *Sontheimers* Feststellungen zu entfalten.

Denn *Thomas Mann und die Deutschen* bietet eine durchaus gute und klare Darstellung des Verhältnisses zwischen *Mann* und den Deutschen – soweit eben eine solche Darstellung aus dem essayistischen Material heraus gegeben werden kann. Das heißt, man muß sich auf das verlassen, was *Thomas Mann* zu seiner Rechtfertigung in einer polemischen Situation *sagt*;

man kann jedoch nicht unbedingt sehen, wie er dazu kommt. Und da liegt das Hauptproblem aller Untersuchungen, die sich auf *Manns* Essayistik beschränken. Denn wo diese Essayistik polemisch wird, dort spricht *Mann über* Politik, er äußert politische ›Meinungen‹, verwendet aber dabei Symbole, die aus seinen Romanen stammen. Dies geschieht durchaus um politischer Wirkung willen; der Sachverhalt verweist auf das problematische Verhältnis zwischen Betrachtung und Handeln, doch gerade über dieses Problem steht eben am meisten im *Zauberberg* und im *Joseph*. Dort zeigt *Mann* symbolisch, daß es Zeiten gibt, während derer man nicht handeln, sondern nur Meinungen haben oder gewissermaßen stumm-betrachtend abwarten kann, bis der rechte Moment kommt, zu dem Handeln wieder möglich und sogar nötig wird. Davon handelt der *Zauberberg,* und der *Joseph* ist voll vom Wechsel zwischen Momenten der Handlung und Zeiten des Wartens. Menschliches Handeln und Geschichte werden von *Mann* also in symbolischen Zusammenhang gebracht; dieser Umstand müßte bei der Interpretation seiner direkten politischen Aussagen und Handlungen beachtet werden. Seine Bedeutung zeigt sich besonders augenscheinlich bei der berühmten ›Wandlung‹ *Thomas Manns* 1922 von einem angeblichen Konservativen zu einem liberalen Republikaner. Eine Darstellung, die sich darauf beschränkt, Rede und Gegenrede als das Wesentliche dieses Vorgangs anzusehen, die also in den Zeitdokumenten nur an politischen Positionen und deren ideeller Einordnung interessiert ist, übersieht, daß politische Positionen und Ideen nur ein zu Propositionen verhärteter Teil politischer Erfahrung sind. In der Retrospektive, 1950, formulierte *Mann* seine Erfahrungen folgendermaßen:

> Bloße vier Jahre nach dem Erscheinen der Betrachtungen fand ich mich als Verteidiger der demokratischen Republik, dieses schwachen Geschöpfes der Niederlage, und als Anti-Nationalist, ohne daß ich irgendeines Bruches in meiner Existenz gewahr geworden wäre, ohne das leiseste Gefühl, daß ich etwas abzuschwören gehabt hätte.[232]

Warum fühlte *Thomas Mann* damals keinen ›Bruch‹ in seiner ›Existenz‹? Hier liegt das Problem, das eine Analyse zu lösen hat. *Sontheimers* Lösungsvorschlag ist der Hinweis darauf, daß genaugenommen der Unterschied in der Aussage zwischen den *Betrachtungen* und der Rede *Von deutscher Republik* verschwindend klein sei. In beiden Schriften beziehe *Mann* sich ja auf die deutsche Romantik und, so sagt *Sontheimer*:

> Es ist einfach nicht wahr, daß sich Thomas Mann mit seinem Bekenntnis zur Weimarer Republik geistig auf die Seite des Zivilisationsliteraten geschlagen habe, auch wenn beide jetzt politisch in derselben Front standen.[233]

Aber auch dies beantwortet die Frage des ›Buches in der Existenz‹ nicht. *Sontheimer* akzeptiert zwar den Inhalt jener anderen bekannten Selbstaussage *Manns* zu dieser Problematik, nämlich derjenigen, in der *Mann* auf den Unterschied zwischen dem »Widerspruch der Gedanken untereinander« und dem Widerspruch »des Verfassers gegen sich selbst«[234] spricht, aber gerade diese Symbolik wird ohne Analyse dargeboten.

Mit demselben Problem setzt sich *Hans Mayer* in seinem Essay *Thomas Mann. Zur politischen Entwicklung eines Unpolitischen* auseinander. *Mayer* behauptet, *Mann* habe seine Position »relativiert«[235]. »Der spätere Thomas Mann hat alles von Grund auf revidiert«[236]. *Mann* habe in den *Betrachtungen* mit seinen Bildern von *Schopenhauer* und dem *Eichendorffschen Taugenichts* eine »Sehnsuchtsschöpfung« Deutschlands gegeben und dann später zugegeben, was er freilich schon lange gewußt habe, daß nämlich in *Heinrich Manns Schlaraffenland* und im *Untertan,* sowie in *Carl Sternheims* Komödien die Wilhelminische Wirklichkeit beschrieben worden war[237]. *Mayer* kommt zu der Feststellung:

> Der monströse Essay von 1918 gehört unmittelbar zur Welt des **Erzählers** Thomas Mann und kann zurückverfolgt werden bis in die ersten epischen Skizzen und tagespolitischen Aufsätze

des Zwanzigjährigen. Daraus kann gefolgert werden, daß seine
Absage an die Welt jener Betrachtungen stets nur die aktuell-
politischen Implikationen jener Grundposition meinen konnte,
nicht aber das geistige Grundsubstrat selbst, ohne welches die
Laufbahn des Erzählers Thomas Mann nicht gedacht werden
kann.[238]

Von einer solchen Feststellung ist es dann nicht mehr weit
zu einem analytischen Urteil:

> Die übliche dualistische Betrachtungsweise der Thomas-Mann-
> Literatur täuscht. Es gibt nicht den einheitlichen Kosmos des
> Erzählers Thomas Mann, der in Technik, Motivik und Stilistik
> als Einheit verstanden werden dürfte: von den frühen Erzäh-
> lungen bis zu den letzten Kapiteln von **Felix Krull.** Wenn be-
> hauptet wurde – auch vom Autor selbst –, die Schreibweise der
> ersten Kapitel des Hochstapler-Romans habe sich in allen Jahr-
> zehnten, bis in die letzte Schaffenszeit hinein, kaum gewandelt,
> so wäre unverständlich, daß einer solchen schriftstellerischen
> Kontinuität eine evidente politische Diskontinuität gegenüber-
> stehen sollte. Mann scheint sich selbst unter diesen dualistischen
> Aspekten gesehen zu haben. Es ist zu fragen, ob er sich nicht
> täuschte.[239]

Aber *Mayer* sieht die »eigentliche politische Evolution«[240]
Manns erst in der *Joseph*-Tetralogie. Er folgt hierin *Max
Rychners* Analyse[241] des *Joseph:*

> Mit Joseph hat der Dichter einen auserlesenen Jüngling ins Poli-
> tische hineingeführt, hat ihn daran und darin groß werden las-
> sen, einen biegsam-zielsicheren Bändiger des Nahen, Aufgegebe-
> nen, Wirklichen, dessen Extratouren in die Traumwelt sogar noch
> dem allgemeinen Besten zugute kommen. Und an ihm hat er
> getan, was er an Thomas Buddenbrook versucht hatte: er hat ihn
> hinübergeführt in die vollendete Reife, in die Mannesjahre, wo
> das Schweifen in den offengehaltenen eigenen Möglichkeiten auf-
> hört und jeder Tag Bewährung verlangt [...] Die weiche Hand
> des Realpolitikers ist eine glückliche Hand, die innersten Be-
> dürfnisse der Menschen selbst scheinen sie zu verlangen und sich
> nach ihrem milden Gebot zu ordnen.[242]

Manches von dem, was *Rychner* hier sagt und was *Mayer*
billigend zitiert, ist sehr richtig gesehen, einiges jedoch nicht.
Die Charakterisierung Josephs stimmt, doch es erscheint als

fraglich, ob *Mann* tatsächlich schon dasselbe »an Thomas Buddenbrook versucht hatte«. Denn es ist zu bedenken, daß jener frühe Roman gerade nicht teleologisch auf das Erreichen »vollendeter Reife« angelegt war, sondern die Ursachenanalyse eines Scheiterns darstellte. Was aber *Rychner* »Extratouren in die Traumwelt« nennt, ist eben das zentrale Element der *Mannschen* Erfahrung von Erkenntnis und Geschichte. Die Träume Thomas Buddenbrooks, Gustav Aschenbachs, Hans Castorps und schließlich des Joseph sind es, in denen sich die Erfahrung von der Differenz zwischen Anfang und Grund, Ziel und Ende zur Geschichtsphilosophie ausweitet. Und es ist diese Geschichtsphilosophie, auf Grund derer *Mann* bald zu dieser, bald zu jener Charakterisierung des Politischen kommt. Der Traum ist bei *Mann* das Zentralsymbol für den Erfahrungsprozeß schlechthin. Denn im Traum ist die Wirklichkeit vom mechanischen Gang der Ereignisse befreit und kann daher Erfahrung werden. Anfang und Ende, Vorher und Nachher sind nicht mehr Kategorien einer mechanischen Uhrzeit, sondern Indizes der Bewegung des menschlichen Bewußtseins, das sich oszillierend zwischen äußeren Daten und seiner inhärenten Spannung zu einem Grund hin und her bewegt. Dieser Grund ist aber selbst nichts fest Definierbares. Er erscheint in den Formen des zeitlichen Vorher und Nachher, der Vergangenheit und Zukunft, des Oben und Unten, des Geists und der Dämonie. Das im Bewußtsein der Person Erfahrene äußert sich aber auch in der Außenwelt, in der Gesellschaft, in ihrer zeitlichen Konstitution. Und so wird es Geschichte. Menschliche Geschichte ist daher ebenfalls ein Oszillationsprozeß zwischen dem Grund in seinen Erscheinungsformen und der starren Mechanik der Materie. Daher sind für *Thomas Mann* Aussagen zu einem konkreten Problem in der Gesellschaft nur momentane Oszillationspunkte, die keine Dauer und demnach keinen Anspruch auf geschichtliche Wahrheit haben, wenn man unter solcher Wahrheit versteht, daß etwas gestern Gesagtes auch heute noch wahr sein müsse. Damit wird gleichwohl der Wahrheitsbegriff als solcher nicht relativiert; es gibt Wahrheit, nur äußert sie sich nicht in der Form der Dauer im zeitlichen Feld gesellschaftlicher Existenz, weil gesellschaftliche Existenz materieller Mechanik unterworfen ist.

Diese Geschichtsphilosophie *Manns* ist nicht auf einen Schlag entstanden, sie hat sich im Laufe seines Lebens entwickelt, und seine eigene politische Aktivität hat zu ihrer Formulierung beigetragen. Es gibt in der neueren Literatur Ansatzpunkte zu einem Verständnis dieser Problematik. So hat *Winfried Hellmann* das Geschichtsdenken des frühen Thomas Mann (1906–1918) in einer sehr interessanten Arbeit desselben Titels[243] analysiert. *Hellmann* zeigt große Sensibilität für die Probleme des Bewußtseinsprozesses und dessen Symbolisierung im Werk *Manns*. Dies zeigt sich bereits in den Titeln der Überschriften zu den Einzelkapiteln des Buches, »Herrschaft der Vergangenheit«, »Vergangenheitsorientierung, Zeitlosigkeit, Tod«, »Zukunft der Vergangenheit«, »Zeitlosigkeit und Wiederholung«, »Rückwärtsgewandtheit«. Leider orientiert sich *Hellmann* wiederum fast ausschließlich an *Manns* essayistischem Werk. Dabei gibt er selbst in seinem kurzen »Exkurs über ›Tonio Kröger‹«[244] das beste Beispiel dafür, wieweit eine Analyse des erzählerischen Werks zum Verständnis der Erfahrungsproblematik beitragen könnte. Sehr richtig sieht *Hellmann* in Untergang und Ende des bürgerlichen Zeitalters *Thomas Manns* »geschichtliches Urerlebnis«[245]. Manns Epochenbewußtsein ist aus seiner Geschichtsphilosophie nicht wegzudenken. Um so bedeutsamer ist es, daß *Mann* nicht, wie viele seiner Zeitgenossen, zum Apokalyptiker wird, sondern auf jene Balance zwischen Vergangenheit, Gegenwart und Zukunft abzielt, die keinem der drei Zeitmodi ein Übergewicht zubilligen will. Doch dies ist wiederum nur aus der bereits vorher vorhandenen Traumerfahrung erklärbar, die für ihn schon im frühesten Alter eine wichtige Rolle zu spielen scheint. In Erfahrungen dieser Art gibt es keine absoluten Anfänge oder Endpunkte, alles ist präsent. Man kann daher *Manns* Denken nicht mit der Begrifflichkeit der ›zyklischen Geschichtsauffassung‹ beikommen, wie *Hellmann* dies tut:

> Die Geschichtsauffassung, die sich in all dem äußert, ist unschwer zu identifizieren. Ursprünglicher Zustand – Abwendung von ihm, ›Abfall‹, Verlust – Rückkehr und Wiederherstellung: der Geschichtsprozeß als Kreis. In einer säkularisierten, »aufgeklärten« Fassung ist das die Lehre vom Kreislauf, die Leisegang als den ersten theologisch-mythischen Typus des Geschichtsdenkens beschreibt. Dazu gehört eine bestimmte Deutung der Gegenwart. Sie ist stets eine »Zeit der Verderbtheit«, aber die Zeit der Verderbtheit »kurz vor dem Ende eines Kreislaufs, kurz vor Beginn einer neuen Zeit oder der alle Zeit vernichtenden seligen Ewigkeit.«[246]

Zwar erkennt *Hellmann* die Differenz zwischen dem von *Leisegang*[247] formulierten Kreislaufdenken und *Manns* eigenen Aussagen, aber dies veranlaßt ihn nicht, nach einer adäquateren Terminologie zu suchen, die sich beim Stand der modernen Forschung zur Geschichtsphilosophie unschwer hätte finden lassen. Denn es handelt sich bei *Mann* eben nicht um ein Kreislaufdenken, sondern um Vorstellungen, die eher dem geschichtsspekulativen Symboltyp der – von *Eric Voegelin* so genannten[248] – ›Historiogenesis‹ vergleichbar sind[249]. Dennoch verdient *Hellmanns* Untersuchung als ein bedeutender Fortschritt in der Diskussion um den ›politischen Thomas Mann‹ hervorgehoben zu werden, weil sie zeigt, daß dieser politische *Thomas Mann* nicht ohne genaue Kenntnis seines Geschichtsbildes verstanden werden kann.

Hellmanns Untersuchungen zu den Betrachtungen sind das Beste, was bisher zu diesem Gegenstand veröffentlicht worden ist. Sie übertreffen bei weitem *Ernst Kellers* Arbeit von 1965, *Der unpolitische Deutsche*[250], in der entweder bloß referiert wird oder Argumente und Gegenargumente auf rein propositioneller Ebene dargestellt werden. *Hellmann* geht es dagegen um die Symbolik der *Betrachtungen,* wobei er sich diesmal voreilige Klassifizierungen nach Art der ›zyklischen Geschichtsauffassung‹ versagt. *Hellmanns* Untersuchung schärft den Blick für die Schwächen des *Kellerschen* Buchs, demgegenüber man aus der Perspektive der historischen Distanz zu den damaligen Ereignissen feststellen muß: Es interessiert heute nicht mehr, wer damals welche Position eingenommen hat; dies ist Vergangenheit, im Sinne von *Manns* Symbol der Vergangenheit als Tod. Deutschland ist im Jahre 1975 so weit von den damaligen Zuständen entfernt, daß die historische Akribie der Darstellung von Meinungen jener Zeit zur Materialhuberei wird, die vorgibt, zum Verständnis der Zeit beizutragen, jener damaligen und dieser heutigen, die aber in Wirklichkeit doch nur den alten Zank wiederaufleben läßt, ohne damit ein Jota zum Selbstverständnis der Gegenwart beizutragen. *Erich Heller* hat in seiner kürzlich veröffentlichten Rezension des Buchs von *T. J. Reed*[251] darauf hingewiesen, daß Ähnliches auch bereits für den erheblich »jüngeren« *Doktor Faustus* gilt. Man sollte, so schreibt er, die nationalen deutschen Probleme dieses Buchs nicht zu vordergründig behandeln und so tun, als habe der *Doktor Faustus* größere Relevanz für den heutigen Leser, weil er neuere geschichtliche Ereignisse behandle; denn

> a Germany divided between Marx-Leninism and Western democratic »Pluralism« can hardly, in 1974, be identified by young readers inside and outside the German nation with the faraway country of Adrian Leverkühn and Serenus Zeitblom.[252]

Heller stellt damit die Analyse des deutschen Problems im *Faustus* nicht in Frage. Vielmehr geht es ihm um die Natur unseres Interesses an diesem Roman. Lesen wir ihn als Historie unserer jüngsten Vergangenheit oder als theoretische Analyse von falschen Realitätsbildern und deren Wirkung auf die politischen Gesellschaften? Damit ist nochmals die Frage gestellt, die man sich stellen muß, wenn man sich mit *Thomas Mann* unter dem besonderen Aspekt des Politischen auseinandersetzt: Schreibt er Geschichte oder analysiert er die Phänomene, die er beschreibt? Die hierüber herrschende Unklarheit ist dafür verantwortlich, daß es politische Analysen von *Thomas Manns* Erzählwerk so gut wie gar nicht gibt. Es gibt viele Analysen seiner politischen Persönlichkeit, seiner ›Repräsentanz‹ sowie der sogenannten ›politischen

Schriften‹. Derartige Analysen bleiben aber zwangsläufig im Rahmen der Historie und der Ideengeschichte, und auch hier nur in einem sehr eng gesteckten Rahmen.

Denn es sollte kein Zweifel daran bestehen, daß sich z. B. das Repräsentationsproblem in Deutschland an Hand einer Fallstudie *Thomas Manns* sehr gut verfolgen ließe. Ebenso könnten weitere Studien der *Betrachtungen* mit der Ideengeschichte ernst machen und die Symbolik des Buches auf ihren Zusammenhang mit der Symbolik der ›Revolution des Geistes‹[253] des deutschen Idealismus überprüfen. Es lassen sich hier ausgezeichnete Parallelen zu *Wilhelm von Humboldt* nachweisen[254]. Aber dies geschieht kaum. Der ›Personenkult‹ um *Thomas Mann* scheint dafür verantwortlich zu sein.

So lassen sich zum Aspekt des Politischen bei *Thomas Mann* aus jüngerer Zeit nur sehr wenige Arbeiten finden, die Erwähnung verdienen. Eine interessante Untersuchung über den Einfluß des Bruderproblems auf *Thomas Manns* politische Entwicklung vor und während des Ersten Weltkriegs lieferte 1968 *André Banuls* in seinem Buch *Thomas Mann und sein Bruder Heinrich. Eine repräsentative Gegensätzlichkeit*[255]. *Banuls* zeigt dort, daß die Brudererfahrung für den jungen *Thomas Mann* den Ansatzpunkt bildete, an dem sich sein Denken in Gegensätzen formte. Dadurch wird *Banuls*' Studie zu einem wertvollen Beitrag zur politischen Analyse von *Thomas Manns* Werk, weil er von Ideen weg und auf die existentielle Ebene hinweist, die gerade in der Entwicklung *Manns* zum politisch bewußten Schriftsteller entscheidend war. *Mann* war kein ›Ideendenker‹, wurde aber von seinen Gegnern oft als solcher gesehen, weil diese selbst in ideeller Begrifflichkeit dachten. Auch *Kurt Sontheimer* hat in seinem Buch bereits auf *Manns* Typisierung des Zivilisationsliteraten hingewiesen und festgestellt, daß dieser Typ eine ganz auf den Bruder *Heinrich* bezogene Entstehungsgeschichte hat, obwohl sie später in Manns Politik ein Eigenleben führte[256].

Einiges erwartet man sich von einer Arbeit *Helmut Spelsbergs* aufgrund ihres Titels *Thomas Manns Durchbruch zum*

Politischen in seinem kleinepischen Werk. Untersuchungen zur Entwicklung von Gehalt und Form in ›Gladius Dei‹, ›Beim Propheten‹, ›Mario und der Zauberer‹ und ›Das Gesetz‹[257]. Leider bewirkt *Spelsberg* durch die Aufteilung seiner Arbeit in ›Gehalt‹ und ›Form‹, daß die symbolische Entwicklung in den beiden frühen Erzählungen *Manns* nicht klar wird. Von einem »Durchbruch« ist bei *Spelsberg* schon deswegen wenig zu merken, weil er die Erzählungen nur wegen ihrer äußerlichen politischen Problematik ausgesucht und gerade das für das Frühwerk wichtige Drama *Fiorenza* ausgelassen hat. Die Reichssymbolik aus *Fiorenza*, mit ihrer stark sexuellen Betonung, ist durchaus bedeutsam für das Verständnis des ›politischen‹ *Thomas Mann* und kann durchgehend bis in den *Doktor Faustus* verfolgt werden. Bedauerlicherweise hat sich *Spelsberg* auf die phänomenologische Darstellung des Zeitgeschichtlichen beschränkt.

Der politischen Publizistik *Manns* widmet *Helmut Mörchen* ein Kapitel seines Buchs *Schriftsteller und Massengesellschaft*[258], in dem er Kritik an *Thomas Manns* Unvermögen ausspricht, geistige und politische Solidarität zu erkennen. *Mann* vertrete die Autonomie der Kunst bis zuletzt und hänge somit der Ästhetik des deutschen Idealismus an. Dies sind in der Tat interessante Gesichtspunkte, unter denen sich einiges Neue zu *Manns* Politik sagen ließe. Dazu müßte man jedoch wieder die künstlerische Symbolisierung in die Untersuchung mit einbeziehen, anstatt wie *Mörchen*, der ebenfalls allein die politische Essayistik behandelt, sozusagen nur ›von außen‹ darüber zu sprechen.

Die Darstellung zweier weiterer Werke erübrigt sich auf Grund dessen, was hier bereits gesagt worden ist. *H. J. Maîtres*[259] *Aspekte der Kulturkritik in Thomas Manns Essaystik (1970)* und *Katharina Mommsens Gesellschaftskritik bei Fontane und Thomas Mann (1973)*[260] bringen keine neuen Gesichtspunkte mehr. Bei *Maître* wird *Mann* »idealistischer Politik«[261] geziehen, bei *Mommsen* betreibt er ›Verteidigung‹ des Geistes, der Freiheit und der Kunst.

1 *Reich-Ranicki, Marcel,* Thomas Mann im Alltag. Zu dem Briefwechsel mit seinem Verleger Gottfried Bermann Fischer, in: Die
Zeit, Nr. 27, 6. 7. 1973.
2 Siehe unten S. 162.
3 *Mann, Thomas,* Meine Zeit, in: Gesammelte Werke, 11. Band.
S. 314.
4 *Mendelssohn, Peter de,* Der Schriftsteller als politischer Bürger,
in: Thomas Mann 1875–1975, München 1975, S. 5–32.
5 Ebd., S. 13.
6 Ebd.
7 Ebd.
8 Ebd., S. 14.
9 *Adorno, Theodor W.,* Zu einem Porträt Thomas Manns, in: No-
ten zur Literatur III, Frankfurt a. M. 1965, S. 20.
10 Ebd.
11 *Mann,* GW, 10. Bd., S. 22.
12 *Mayer, Hans,* Thomas Mann. Zur politischen Entwicklung eines
Unpolitischen, in: Der Repräsentant und der Märtyrer. Konstellationen der Literatur, Frankfurt a. M. 1971, S. 65.
13 *Mann,* Joseph und seine Brüder. Ein Vortrag, in: GW, 11. Bd.,
S. 655.

Anmerkungen zum Ersten Teil

1 *Mann, Thomas,* Goethe und die Demokratie, in: Gesammelte
Werke (GW), 9. Bd., Frankfurt a. M. 1960, S. 757.
2 Ebd.
3 *Mann,* Theodor Storm, in: GW, 9. Bd., S. 247.
4 *Mann,* Schopenhauer, in: GW, 9. Bd., S. 561.
5 Vgl. *Schröter, Klaus,* Thomas Mann im Urteil seiner Zeit. Dokumente 1891 bis 1955, Hamburg 1969, S. 199.
6 *Mann,* Leiden und Größe Richard Wagners, in: GW, 9. Bd.,
S. 418 f.
7 *Mann,* Vorspruch zu einer musikalischen Nietzsche-Feier, in:
GW, 10. Bd., S. 182.
8 *Mann,* Goethe und die Demokratie, in: GW, 9. Bd., S. 777.
9 *Mann,* GW, 9. Bd., S. 705.
10 *Mann,* Bilse und ich, in: GW, 10. Bd., S. 15.

[11] Vgl. ebd.

[12] Ebd.

[13] Ebd., S. 16.

[14] Vgl. ebd., S. 22.

[15] Ebd.

[16] *Mann*, GW, 11. Bd., S. 333 f.

[17] Ebd., S. 335.

[18] Ebd., S. 336.

[19] Vgl. *Mann*, Schopenhauer, in GW, 9. Bd., S. 534.

[20] Vgl. *Mann*, Doktor Faustus, GW, 6. Bd., S. 153.

[21] Ebd., S. 428.

[22] Vgl. ebd., S. 429, wo es heißt: »›Die ganze Lebensstimmung der Kunst, glauben Sie mir, wird sich ändern, und zwar in Heiter-Bescheidenere, – es ist unvermeidlich, und es ist ein Glück!‹«

[23] *Mann*, Konzept eines Briefes an G. W. Zimmermann, undatiert, etwa 7. Dezember 1949, in: Briefe 1948–1955, Hrsg. Erika Mann, Frankfurt a. M. 1965, S. 118.

[24] *Mann*, Goethe, das deutsche Wunder, in: Der Monat, 1. Jg., 1949, S. 13–17.

[25] *Mann*, Briefe 1948–1955, S. 118.

[26] *Mann*, GW, 11. Bd., S. 603.

[27] Ebd.

[28] Vgl. *Mann*, Das mir nächste meiner Bücher, in: GW, 11. Bd., S. 686.

[29] Ebd., S. 687.

[30] Vgl. *Mann*, Die Entstehung des Doktor Faustus. Roman eines Romans, GW, 11. Bd., S. 266.

[31] Vgl. *Mann*, Buddenbrooks, GW, 1. Bd., S. 49 f.

[32] *Mann*, Brief an Heinrich Mann, datiert: München, d. 5. XII. 1905, Franz-Joseph-Str. 2, in: *Mann, Thomas / Mann, Heinrich*, Briefwechsel 1900–1949, Hrsg. Hans Wysling, Frankfurt a. M. 1969, S. 44.

[33] *Mann*, GW, 6. Bd., S. 399.

[34] *Mann*, Brief an Heinrich Mann, datiert: Bad Tölz, den 8. XI. 13, Landhaus Thomas Mann, in: Briefwechsel, S. 103 f.

[35] *Mann*, Brief an Heinrich Mann, datiert: Bad Tölz, den 7. August 1914, Landhaus Thomas Mann, in: Briefwechsel, S. 108.

[36] Vgl. *Mann*, Friedrich und die große Koalition. Ein Abriß für den Tag und die Stunde, in: GW, 10. Bd., S. 77.

[37] Ebd., S. 36 f.

[38] *Mann*, Betrachtungen eines Unpolitischen, GW, 12. Bd., S. 14.

[39] Ebd., S. 115.

[40] *Mann*, Joseph und seine Brüder. Ein Vortrag, in: GW, 11. Bd., S. 657.

41 *Mann*, Über die Lehre Spenglers, in: GW, 10. Bd., S. 176
42 Vgl. *Mann*, Doktor Faustus, GW, 6. Bd., S. 493.
43 Vgl. *Mann*, Lob der Vergänglichkeit, in: GW, 10. Bd., S. 383.
44 Ebd., S. 384.

Anmerkungen zum Zweiten Teil

1 *Blume, Bernhard*, Perspektiven des Widerspruchs. Zur Kritik an Thomas Mann, Germanic Review, 36. Jg., 1956, S. 176.
2 *Lehnert, Herbert*, Thomas-Mann-Forschung. Ein Bericht, Stuttgart 1969, S. 1. Es ist bereits darauf hingewiesen worden, daß dieser Forschungsbericht *Lehnerts* in der *Deutschen Vierteljahrsschrift für Literaturwissenschaft und Geistesgeschichte* erschien, und zwar in drei Teilen. Teil I, in: DVjs., 40. Jg., 1966, S. 257 bis 297. Teil 2, in: DVjs., 41. Jg., S. 599–653. Teil 3, in: DVjs., 42. Jg., S. 126–157.
3 *Morris, Marriot C.*, A History of Thomas Mann Criticism in Germany 1900–1930, Diss., University of Wisconsin, 1939.
4 *Ramras, Herman*, Main Currents in American Criticism of Thomas Mann, Diss., University of Wisconsin, 1950.
5 *Martini, Fritz*, Deutsche Literatur zwischen 1880–1950. Ein Forschungsbericht, in: DVjs., 26. Jg., 1952, S. 478–535.
6 Die Frage, ob es angemessener sei, sich im Jahr 1948 *Thomas Mann* mit »richterlicher Objektivität« zu nähern oder »Partei zu ergreifen«, wurde von den Herausgebern der *Frankfurter Hefte* anläßlich des Artikels von *Ulrich Sonnemann* (siehe Anmerkung 8) aufgeworfen und schließlich verneint. Siehe dazu *Blumes* Artikel *Perspektiven des Widerspruchs*, S. 177 f.
7 *Blume*, S. 177.
8 *Sonnemann, Ulrich*, Thomas Mann oder Maß und Anspruch, in: Frankfurter Hefte, 3. Jg., 1948, S. 625–640.
9 *Holthusen, Hans Egon*, Die Welt ohne Transzendenz. Eine Studie zu Thomas Mann »Dr. Faustus« und seinen Nebenschriften, 2. Aufl., Hamburg 1954.
10 Ebd., S. 46.
11 *Lehnert*, Thomas-Mann-Forschung, S. 57.
12 Ebd., S. 1.
13 Ebd., S. 54.
14 Zu einer Diskussion dieser theoretischen Haltung *Lehnerts* siehe unten S. 111 ff.
15 Unerläßlich zum Verständnis von *Manns* Frühwerk ist der 1. Band der Thomas-Mann-Studien, *Scherrer, Paul* u. *Wysling*,

Hans, Quellenkritische Studien zum Werk Thomas Manns, Bern u. München 1967.

[16] *Mann, Thomas,* Briefe an Paul Amann 1915–1952, Hrsg. *Herbert Wegener,* Veröffentlichungen der Stadtbibliothek Lübeck, 3. Bd., Lübeck 1959.

[17] Das *Zauberberg*-Manuskript in der Angell-Collection ist etwa 70 Seiten lang. Es besteht offensichtlich aus zwei Teilen, die zu verschiedenen Zeiten geschrieben sein konnten. Der erste Teil läuft mit Unterbrechungen bis zum Abschnitt ›Hippe‹, wobei das erste und das zweite Kapitel umgestellt sind. Der zweite Teil umfaßt das ›Walpurgisnacht‹-Kapitel. Die Abweichungen vom endgültigen Text sind wichtig genug, um eine Veröffentlichung des Manuskripts wünschenswert erscheinen zu lassen, besonders da es sich beim *Zauberberg* um ein Werk handelt, das zu einer Zeit entstand, in der *Manns* Epochenbewußtsein sich oft in ganz nebensächlich erscheinenden Dingen äußerte.

[18] Hier wird auf einen ebenfalls unveröffentlichten Brief *Manns* an *Hermann J. Weigand* hingewiesen, datiert Küsnacht, 28. 12. 37.

[19] *Bürgin, Hans* und *Mayer, Hans-Otto,* Thomas Mann. Eine Chronik seines Lebens, Frankfurt a. M. 1965.

[20] *Eloesser, Arthur,* Thomas Mann. Sein Leben und sein Werk, Berlin 1925. Diese Biographie und Gesamtdarstellung, die zu *Manns* 50. Geburtstag erschien, ist auch heute noch lesenswert. *Eloesser* hat oft aufschlußreiche Informationen zur Entstehung von *Manns* Werken, die der Interpretation hilfreich sein können. Sein Buch dokumentiert, daß gelegentlich sehr brauchbare Arbeiten bereits aus den sonst mehr der Polemik wegen genannten zwanziger Jahren stammen.

[21] *Mann, Thomas,* Briefe 1889–1936, Hrsg. *Erika Mann,* Frankfurt a. M. 1961; Briefe 1937–1947, Hrsg. *Erika Mann,* Frankfurt a. M. 1963; Briefe 1948–1955, Hrsg. *Erika Mann,* Frankfurt a. M. 1965.

[22] *Mann, Thomas – Mann, Heinrich,* Briefwechsel 1900–1949, Hrsg. *Hans Wysling,* Frankfurt a. M. 1969.

[23] *Hesse, Hermann – Mann, Thomas,* Briefwechsel, Hrsg. *Anni Carlsson,* Frankfurt a. M. 1968.

[24] *Mann, Thomas,* Thomas Mann an Ernst Bertram. Briefe aus den Jahren 1910–1955, Hrsg. *Inge Jens,* Pfullingen 1960.

[25] *Mann, Thomas – Kerényi, Karl,* Gespräch in Briefen, Hrsg. *Karl Kerényi,* Zürich 1960.

[26] *Mann, Thomas,* Briefwechsel mit seinem Verleger Gottfried Bermann Fischer 1932–1955, Hrsg. *Peter de Mendelssohn,* Frankfurt a. M. 1973.

[27] *Reich-Ranicki, Marcel,* Thomas Mann im Alltag. Zu dem Brief-

wechsel mit seinem Verleger Gottfried Bermann Fischer, in: Die Zeit, Nr. 27, 6. 7. 1973.

28 *Schröter, Klaus,* Thomas Mann im Urteil seiner Zeit. Dokumente 1891 bis 1955, Hamburg 1969.

29 *Bürgin, Hans,* Das Werk Thomas Manns. Eine Bibliographie unter Mitarbeit von *Walter A. Reichart* und *Erich Neumann,* Frankfurt a. M. 1959.

30 *Mann, Thomas,* Gesammelte Werke in zwölf Bänden, Frankfurt a. M. 1960. Diese Ausgabe der Werke Manns ist zu unterscheiden von der *Stockholmer Gesamtausgabe der Werke von Thomas Mann,* Stockholm 1938 ff. Da diese Ausgabe aber keinem einheitlichen Editionsprinzip unterliegt, ist sie für Hinweise in wissenschaftlichen Arbeiten etwas schwerfällig.

31 Diese Ausgabe erschien in zwei Teilen in Fischers Taschenbuchreihe »Moderne Klassiker«. *Mann, Thomas,* Werke. Taschenbuchausgabe in zwölf Bänden, Moderne Klassiker 101–112, Fischer Bücherei, Frankfurt a. M. u. Hamburg 1967, sowie *Mann, Thomas,* Das essayistische Werk, Taschenbuchausgabe in acht Bänden, Hrsg. *Hans Bürgin,* Moderne Klassiker 113–120, Fischer Bücherei, Frankfurt a. M. u. Hamburg 1968.

32 *Jonas, Klaus W.,* Fifty Years of Thomas Mann Studies. A Bibliography of Criticism, Minneapolis 1955.

33 *Jonas, Klaus W.* u. *Jonas, Ilsedore B.,* Thomas Mann Studies Volume II. A Bibliography of Criticism, University of Pennsylvania Studies in Germanic Languages and Literatures, Philadelphia 1967.

34 *Jonas, Klaus W.,* Die Thomas-Mann-Literatur, Bd. I, Bibliographie der Kritik 1896–1955, Berlin 1972.

35 *Matter, Harry,* Die Literatur über Thomas Mann. Eine Bibliographie 1898–1969, 2 Bde., Berlin u. Weimar 1972.

36 *Lehnert,* Thomas-Mann-Forschung, S. 50.

37 *Porter, Robert Godfrey,* The Preparation of Biographical and Thematic Data for a Computerized Index to the Non-Fiction of Thomas Mann, Diss., Rice University, Houston, Tex. 1968. Siehe auch vom selben Autor: The Preparation of a Computerized Index to the Non-Fiction of Thomas Mann, Rice University Studies, Bd. 55, H. 2, Houston 1969.

38 *Schröter,* Th. M. im Urteil seiner Zeit, S. 7.

39 *Schaukal, Richard von,* Der kleine Herr Friedemann, in: Die Gesellschaft, 14. Jg., 1896, S. 425.

40 Siehe *Blei, Franz,* Buddenbrooks, in: Insel, 3. Jg., 1902, S. 115 bis 117; *Rilke, Rainer Maria,* Buddenbrooks, in: Bremer Tageblatt, Nr. 88, 16. 4. 1902.

[41] Siehe besonders *Schmitt, Carl,* Thomas Mann. Exzentrischer Sketch, in: Schattenrisse, Hannover 1913, S. 48–51.

[42] *Martens, Kurt,* Der Roman einer Familie. Buddenbrooks. Verfall einer Familie, in: Th. M. im Urteil seiner Zeit, S. 22 f.

[43] *Grautoff, Otto,* Thomas Mann, in: Th. M. im Urteil seiner Zeit, S. 26.

[44] *Schaukal, Richard,* Thomas Mann. Ein literar-psychologisches Porträt, in: Th. M. im Urteil seiner Zeit, S. 27 f.

[45] *Lublinski, Samuel,* [Aus] Die Bilanz der Moderne, in: Th. M. im Urteil seiner Zeit, S. 29.

[46] *Schmidt-Gibichenfels, Otto,* Ein Vorkämpfer für jüdische Rassenpolitik, in: Th. M. im Urteil seiner Zeit, S. 50.

[47] Ebd.

[48] Ebd.

[49] *Gabriele Reuter* (1859–1941) hatte einen Artikel *Thomas Mann* geschrieben in: Der Tag (Berlin), Nr. 256. Noch in den zwanziger Jahren schrieb sie Rezensionen der Werke *Manns* für den New York Times Book Review.

[50] *Schmitt-Gibichenfels,* S. 51 f.

[51] *Mann, Friedrich,* Es sind mir..., in: Lübeckische Anzeigen, 28. 10. 1913; *Manns Inserat* wird auch vollständig zitiert in *Mann, Thomas/Mann, Heinrich,* Briefwechsel 1900–1949, S. 296.

[52] *Habermas, Jürgen,* Strukturwandel der Öffentlichkeit, Untersuchungen zu einer Kategorie der bürgerlichen Gesellschaft, 6. Aufl., Neuwied u. Berlin 1974. Vgl. Kap. I, § 2; Kap. V, § 17 u. 18. Jedoch zeigt *Habermas'* phänomenologische Untersuchung nicht die Bewußtseinsprozesse, die zu einem gesellschaftlichen Strukturwandel führen. Dies läßt sich besser bei *Thomas Mann* selbst nachlesen, dessen *Buddenbrooks* den Wandel von Öffentlichkeit zu Privatheit genau als Bewußtseinsprozeß schildern und die gesellschaftlichen Veränderungen darauf aufbauen. Ausführlicher wird das damit bezeichnete Problem behandelt und auf seine Genese hin verfolgt bei *Lepenies, Wolf,* Melancholie und Gesellschaft, Berlin 1969.

[53] Von *Manns* Interpreten hat eigentlich nur *Georg Lukács* diese Analyse der Entwicklung des deutschen Bürgertums aufgenommen und *Manns* eigenes Werk als Kritik dieser Entwicklung gedeutet. (Siehe: *Lukács, Georg,* Auf der Suche nach dem Bürger, in: Faust und Faustus. Vom Drama der Menschengattung zur Tragödie der modernen Kunst. Ausgewählte Schriften II, Reinbek 1967, S. 224 ff.).

[54] Vgl. *Habermas.*

[55] *Hiller, Kurt* [Aus] Taugenichts – Tätiger Geist – Thomas Mann, in: Th. M. im Urteil seiner Zeit, S. 74; *Hiller* hat sein Urteil

über *Mann* auch später nicht revidiert, als beide während des Dritten Reichs im Exil waren. Noch in seiner Rede: Liebestanz der Ismen (siehe: *Hiller, Kurt,* Ratioaktiv. Reden 1914–1964. Ein Buch der Rechenschaft, Wiesbaden 1966, S. 162–186) nennt *Hiller Thomas Manns Betrachtungen eines Unpolitischen* gefährlicher als die Schriften *Ernst Jüngers,* weil sie »gezügelter, polierter, zivilsierter« seien als letztere (ebd. S. 181).

56 *Rolland, Romain,* Les idoles, in: Au-dessus de la mêlée, Ollendorf, Paris 1915, S. 84–96.

57 *Anon.,* Germany against Civilization, in: TLS, 18. Jg., 1918, S. 635.

58 *Mann,* GW, 12. Bd., S. 47; damit war natürlich auch *Manns* eigener Zwist mit seinem Bruder *Heinrich* gemeint, zugleich jedoch ist Symbol des »Bruderzwists« stets auf die europäischen Gegensätze bezogen, was sich noch in der gegen Schluß des Buches zitierten Passage aus *Grillparzers* Drama *Ein Bruderzwist in Habsburg* zeigt. (Siehe: ebd., S. 588).

59 *Dempf, Alois,* [Aus] Die »Betrachtungen eines Unpolitischen«. Offener Brief an Thomas Mann, in: Th. M. im Urteil seiner Zeit, S. 83.

60 *Bartels, Adolf,* [Aus] Thomas Mann, der Schriftsteller, in: ebd., S. 94.

61 Ebd.

62 Eine knappe historische Darstellung findet sich bei *Sontheimer, Kurt,* Thomas Mann und die Deutschen, München 1961, S. 53–68.

63 *Hussong, Friedrich,* Saulus Mann, in: Th. M. im Urteil seiner Zeit, S. 99 f.

64 Ebd., S. 101.

65 »Ich werde als Wahlredner für Eberten verstanden, Politik umschäumt mich«, schrieb *Thomas Mann* an seinen Bruder *Heinrich* auf einer Postkarte, datiert: Amsterdam, 22. 10. 22; in: *Mann,* Briefe 1889–1936, S. 200.

66 *Sontheimer,* Thomas Mann, S. 58.

67 *Lessing, Theodor,* Tomi melkt die Moralkuh. Ein Dichter-Psychologem, in: Th. M. im Urteil seiner Zeit. S. 53–60. Diese persönlich gehaltene Polemik gab den Anlaß zu einer Kontroverse, in der *Mann* mit zwei Artikeln gegen *Lessing* vorging. (Siehe: *Mann,* Der Doktor Lessing, in: GW, 11. Bd., S. 719–725; Berichtigungen, ebd., S. 725–730; An die Redaktion der *Staatsbürgerzeitung,* Berlin, ebd., S. 730–731). Diese Kontroverse kann man allerdings nicht als charakteristisch ansehen, weder für die Rezeption von *Manns* Werk während der Wilhelminischen Ära noch im Hinblick auf die späteren Polemiken gegen

Mann. Manns Bemerkungen über *Lessings* Judentum verdienen allenfalls Beachtung.

[68] Vgl. *Ponten, Josef,* [Aus] Offener Brief an Thomas Mann, in: Th. M. im Urteil seiner Zeit, S. 110–118. Das Verhältnis zwischen *Mann* und *Ponten* war stets mehr gespannt als freundschaftlich. *Manns* Reaktion auf *Pontens* Offenen Brief liegt in einem Brief von *Mann* an *Ponten* vor, datiert: München, den 22.4.25; in: *Mann,* Briefe 1889–1936, S. 236–238. *Mann* schreibt u. a.: »Wirklich, es muß ein Ende haben mit diesem Starren auf mich, mit diesem sich mit mir Vergleichen und sich an mir Messen, mit dieser verbohrten Grübelei darüber, wie es möglich ist, daß ich etwas bin, wo ich doch, um das Recht zu haben, etwas zu sein, ganz anders sein müßte, nämlich so wie Sie.« (Ebd., S. 237).

[69] *Rauch, Karl,* Die Jungen mit Josef Ponten gegen Thomas Mann, in: Th. M. im Urteil seiner Zeit, S. 119.

[70] *Winterfeld, Achim von,* [Aus] Thomas Mann. Zu seinem 50. Geburtstag am 6. Juni, in: Th. M. im Urteil seiner Zeit, S. 139.

[71] Ebd.

[72] *Haas, Willy,* [Aus] Zeitprobleme. Gespräch mit Heinrich Mann, in: Th. M. im Urteil seiner Zeit, S. 159.

[73] *Sontheimer, Kurt,* Antidemokratisches Denken in der Weimarer Republik. Die politischen Ideen des deutschen Nationalismus zwischen 1918 und 1933, 2. Aufl., München 1964, S. 395.

[74] *Naumann, Hans,* Die deutsche Dichtung der Gegenwart, 4., erw. Aufl., Stuttgart 1930, S. 195.

[75] Siehe *Mann,* Gegen die ›Berliner Nachtausgabe‹, in: GW, 11. Bd., S. 766–773. *Mann* schrieb dort u. a.: »Warum sollte man, so flegelhaft, so empörend herausgefordert, nicht reden dürfen, nicht antworten, was wahr ist? [...] Sie aber, die ihren hohlen, unbewiesenen, nichtsnutzigen, bezahlten Partei- und Gassenpatriotismus in Form rüder Beschimpfung alles Reineren und Freieren in die reklamehelle Berliner Nacht megaphonieren, [...] – sie erdreisten sich, einem deutschen Schriftsteller, dessen Namen zusammen mit ein paar anderen, zwei Erdteile zu denken sich gewöhnt haben, wenn sie an Deutschland denken, die Echtheit abzusprechen und ihn unter Vorweisung eines judasmäßig zurechtgelogenen Konterfeis, als Lästerer seines Volkes zu verschreien.« (S. 766 f.).

[76] *Loder, Dietrich,* Thomas Mann auf dem Markte, in: Th. M. im Urteil seiner Zeit, S. 164.

[77] *Hotzel, Curt,* Der Fall Thomas Mann, in: Th. M. im Urteil seiner Zeit, S. 166.

[78] *Mann,* GW, 6. Bd., S. 492 f.

[79] Dies hängt oft damit zusammen, daß Spekulationen über die Weiterverbreitung von *Manns* Büchern in Deutschland während der ersten drei Jahre der nationalsozialistischen Herrschaft angestellt werden. Der Briefwechsel zwischen *Mann* und seinem Verleger *Gottfried Bermann Fischer* bringt zu diesen Fragen Klarheit, soweit dies noch erforderlich sein sollte. (Siehe: Anmerkung 26.)

[80] *Sarnetzki, Dettmar Heinrich,* Der zweite Joseph-Roman von Thomas Mann, in: Th. M. im Urteil seiner Zeit, S. 239 f.

[81] *Walter Muschg* schrieb in seiner *Tragischen Literaturgeschichte* über *Mann:* »Er glaubte mit seiner Doppelzüngigkeit alle bisherigen Begriffe von Dichtung hinter sich zu lassen und ergötzte eine verlorene Welt, die seinen Glauben teilte, ohne ihr die Spur eines rettenden Gedankens zu geben.« (Siehe: *Muschg, Walter,* Tragische Literaturgeschichte, 3., überarb. Aufl., Bern 1957, S. 403.)

[82] *Brück, Max von,* [Aus] Münchner Sommer, in: Th. M. im Urteil seiner Zeit, S. 386.

[83] *Molo, Walter von,* Offener Brief an Thomas Mann, in: Th. M. im Urteil seiner Zeit, S. 335.

[84] Brief Thomas Manns an Walter von Molo, datiert 7. September 1945; in: *Mann,* Briefe 1937–1947, S. 440.

[85] Ebd.

[86] *Thieß, Frank,* Die innere Emigration, in: Th. M. im Urteil seiner Zeit, S. 337. Diesem Artikel, der in der *Münchner Zeitung* am 18. August 1945 veröffentlicht wurde, folgte am 5. Januar 1946 ein weiterer Artikel von *Thieß* in der *Ruhr-Zeitung,* der die Antwort auf *Thomas Manns* Neujahrsansprache *Wo ist Deutschland?* war. Darin nimmt *Thieß* »Abschied von Thomas Mann«. Siehe dazu auch: *Grosser, J. F. G.,* Die große Kontroverse, Hamburg 1963; allerdings ist *Grossers* Kommentar selbst ein Beispiel für die hier kritisierten Haltungen.

[87] *Sieburg, Friedrich,* [Aus] Frieden mit Thomas Mann, in: Th. M. im Urteil seiner Zeit, S. 375.

[88] Ebd.

[89] *Soergel, Albert,* Heinrich und Thomas Mann, in: Dichtung und Dichter der Zeit. Eine Schilderung der deutschen Literatur der letzten Jahrzehnte, Leipzig 1911, S. 797–808.

[90] *Schröter,* Nachwort, in: Th. M. im Urteil seiner Zeit, S. 471.

[91] *Naumann,* S. 183–195.

[92] *Jens, Walter,* Der Gott der Diebe und sein Dichter. Thomas

Mann und die Welt der Antike, in: Statt einer Literaturgeschichte, 4. Aufl., Pfullingen 1960.

93 *Hamburger, Käte,* Thomas Mann, in: Handbuch der deutschen Gegenwartsliteratur, Hrsg. *H. Kunisch,* München 1965, S. 415 –421. Allerdings geht *Käte Hamburger* so weit, in *Thomas Manns* Werk ein Zeugnis »neuer Seinserfahrung« zu sehen (siehe: ebd., S. 420), eine Feststellung, die philosophischer Kritik nicht standhält.

94 *Koopmann, Helmut,* Thomas Mann, in: Deutsche Dichter der Moderne. Ihr Leben und Werk, Hrsg. *Benno von Wiese,* 2. Aufl., Berlin 1969, S. 70–93. Interessant ist *Koopmanns* Artikel allerdings wegen seiner Zusammenstellung *Manns* mit *Ludwig Börne,* einem der Autoren des Literarischen Vormärz.

95 *Lion, Ferdinand,* Thomas Mann. Leben und Werk, Zürich 1947.

96 *Stresau, Hermann,* Thomas Mann und sein Werk, Frankfurt a. M. 1963.

97 *Berendsohn, Walter A.,* Thomas Mann. Künstler und Kämpfer in bewegter Zeit, Lübeck 1965.

98 *Karst, Roman,* Thomas Mann oder der deutsche Zwiespalt, Wien, München u. Zürich 1970.

99 *Hellers* Buch erschien zuerst auf englisch unter dem Titel: The Ironic German. A Study of Thomas Mann, London 1958. Die deutsche Ausgabe erschien unter dem Titel: Thomas Mann. Der ironische Deutsche, Frankfurt a. M. 1959.

100 *Lehnert,* Thomas-Mann-Forschung, S. 59.

101 *Heller,* Thomas Mann, S. 140 f.

102 Wir verweisen auf *Hellers* Buch: Enterbter Geist. Essays über Modernes Dichten und Denken, Berlin u. Frankfurt a. M. 1954.

103 *Heller,* Thomas Mann, S. 194 ff.

104 *Hatfield, Henry,* Thomas Mann, 2., überarb. Aufl., New Directions Paperback, Nr. 101, Norfolk, Conn. 1962.

105 *Hollingdale, R. J.,* Thomas Mann. A Critical Study, Lewisburg, Pa. 1971.

106 *Reed, T. J.,* Thomas Mann. The Uses of Tradition, Oxford 1974. *Reeds* Buch ist trotz theoretischer Schwächen in der Analyse der ›Tradition‹ die bisher interessanteste Gesamtdarstellung. *Reed* hat weitgehenden Gebrauch von bisher unveröffentlichten Notizen *Manns* gemacht; besonders in dem Kapitel »Art and Intellect« stellt er *Manns* Verhältnis zu den literarischen Vertretern der Wilhelminischen Epoche sehr anschaulich dar. Der englische Germanist hat sich auch erfolgreich von den im angelsächsischen Bereich geläufigen Vereinfachungen der Ursprünge des Nationalsozialismus gelöst und bietet ein im ganzen über-

zeugendes Bild von *Manns* Stellung zur Weimarer Republik und zum Dritten Reich.

107 Siehe etwa *Miller, J. Hillis,* The Disappearance of God. Five Nineteenth-Century Writers. Cambridge, Mass. 1963, sowie vom selben Autor: Poets of Reality. Six Twentieth-Century Writers, New York, 1969; *Anderson, Quentin,* The Imperial Self. An Essay in American Literary and Cultural History, New York 1971. In diesen und anderen Werken zeigt sich, daß die Phänomene, die gemeinhin unter dem Titel Nihilismus zusammengefaßt werden, durch differenzierte Interpretation auf ihren Ursprung im menschlichen Bewußtsein zurückgeführt werden können.

108 *Pütz, Peter* (Hrsg.), Thomas Mann und die Tradition, Frankfurt a. M. 1971.

109 *Pinkerneil, Beate,* Ewigkeitssuppe contra schöpferisches Werden. Zum Thema Thomas Mann – Bergson, in: Thomas Mann und die Tradition, S. 250–281.

110 Siehe dazu: *Gebhardt, Jürgen,* Zur Physiognomie einer Epoche, in: Die Revolution des Geistes. Politisches Denken in Deutschland 1770–1830, Hrsg. *Jürgen Gebhardt,* München 1968, S. 7–16. Siehe dazu auch Anm. 254. Eine Analyse dieser Zusammenhänge liegt vor in *Hollweck, Thomas,* The Dream Interrupted. The Crisis of Germany and the First World War in the Work of Thomas Mann, Diss., Emory University, Atlanta, Ga. 1973.

111 *Riesenfeld, Paul,* Schreibt Thomas Mann gutes Deutsch? in: Muttersprache, 65. Jg., 1955, S. 212–219.

112 *Seidlin, Oskar,* Stiluntersuchung an einem Thomas-Mann-Satz, in: Von Goethe zu Thomas Mann. Zwölf Versuche, Göttingen 1963, S. 148–161.

113 *Arens, Hans,* Analyse eines Satzes von Thomas Mann, Beihefte Wirkendes Wort, H. 10, Düsseldorf 1964.

114 *Seidlin,* S. 155 f.

115 *Arens,* S. 43 f.

116 Vgl. dazu *Sebba, Gregor,* Das Kunstwerk als Kosmion, in: Politische Ordnung und menschliche Existenz. Festgabe für Eric Voegelin, Hrsg. *A. Dempf,* München 1962, S. 525–540. *Sebba* bezieht sich in seinem Aufsatz vor allem auf die Stiluntersuchungen des Romanisten *Leo Spitzer.*

117 Vgl. oben S. 38.

118 *Dittmann, Ulrich,* Sprachbewußtsein und Redeformen im Werk Thomas Manns. Untersuchungen zum Verhältnis des Schriftstellers zur Sprachkrise, Studien zur Poetik und Geschichte der Literatur, 10. Bd., Stuttgart 1969.

119 Ebd., S. 38.

120 Ebd., S. 92.

121 Ebd., S. 92.

122 Ebd., Kap. IV: »Die Sprache der ›Betrachtung‹ und die Sprache der ›Aktion‹«. *Dittmann* schreibt: »Dieser ›Wahrheit‹ [des Kunstwerkes] steht die wiederholt relativierte ›Wahrheit‹ der Essays gegenüber, die Thomas Mann selbst nur in Anführungszeichen nennt und bereits in den *Betrachtungen* immer wieder in Frage stellt.« (Ebd., S. 101.)

123 Ebd., S. 108.

124 *Hoffmeister, Werner*, Studien zur erlebten Rede bei Thomas Mann und Robert Musil, Den Haag 1965.

125 *Weiss, Walter*, Thomas Manns Kunst der sprachlichen und thematischen Integration, Beihefte Wirkendes Wort, H. 13, Düsseldorf 1964.

126 *Hoffmeister*, S. 81 f.

127 Ebd., S. 85.

128 *Weiss*, S. 9.

129 Ebd., S. 100.

130 *Reiss, Gunter*, »Allegorisierung« und moderne Erzählkunst. Eine Studie zum Werk Thomas Manns, München 1970.

131 Ebd., S. 19 f.

132 Ebd., S. 33.

133 In Teil B, Kap. II seiner Arbeit zeigt *Reiss* diese Thematik des »Auseinanderfallens« in *Buddenbrooks* sehr anschaulich und verweist besonders auf das Symbol des »heimlichen Risses«, vor dem Jean Buddenbrook gleich zu Anfang des Romans seinen Vater warnt. Dies ist eines der Ursprungssymbole, die nicht genügend beachtet werden; auch *Reiss* sieht dies nicht. (Siehe: Ebd., S. 73 f.)

134 Siehe oben, 1. Teil, S. 34 f.

135 Siehe: *Heller, Erich*, The Uses of Literary Scholarship. Reflections on a New Study of Thomas Mann, in: TLS, 11. Oktober 1974, S. 1106. Noch hier spricht *Heller* von den *Buddenbrooks* als »a work entirely in the manner of literary realism«.

136 *Geiser, Christoph*, Naturalismus und Symbolismus im Frühwerk Thomas Manns, Bern 1971.

137 Siehe etwa: *Friedrich, Hugo*, Die Strukturen der modernen Lyrik. Von Baudelaire bis zur Gegenwart, Reinbek 1956; *Hofstätter, Hans H.*, Symbolismus und die Kunst der Jahrhundertwende. Voraussetzungen, Erscheinungsformen, Bedeutungen, Köln 1965, sowie die Untersuchungen von *Richard Haman* und *Jost Hermand*, Epochen deutscher Kultur von 1870 bis zur Gegenwart, 4 Bde., München 1971 ff.

138 *Rothenberg, Klaus-Jürgen,* Das Problem des Realismus bei Thomas Mann. Zur Behandlung der Wirklichkeit in den »Buddenbrooks«, Literatur und Leben, N. F., 11. Bd., Köln u. Wien 1969.

139 Ebd., S. 9.

140 Ebd.

141 Ebd., S. 223.

142 Ebd.

143 *Pütz, Peter,* Kunst und Künstlerexistenz bei Nietzsche und Thomas Mann. Zum Problem des ästhetischen Perspektivismus in der Moderne, Bonner Arbeiten zur deutschen Literatur, 6. Bd., Bonn 1963.

144 *Nündel, Ernst,* Die Kunsttheorie Thomas Manns, Abhandlungen zur Kunst-, Musik- und Literaturwissenschaft, 122. Bd., Bonn 1972.

145 *Pütz,* Kunst und Künstlerexistenz, S. 29.

146 Ebd., S. 55.

147 Ebd., S. 58.

148 Siehe: *Nündel,* S. 17–47.

149 Ebd., S. 159.

150 *Mann,* GW, 6. Bd., S. 153.

151 Siehe dazu das Gespräch in der Burschenschaft in *Doktor Faustus,* Kap. XIV, in: GW, 6. Bd., S. 149–170.

152 Siehe *Lehnert,* Thomas-Mann-Forschung, S. 60 f.

153 *Allemann, Beda,* Ironie und Dichtung, Pfullingen 1956.

154 *Allemann,* Thomas Mann, in: Ebd., S. 137–175.

155 Ebd., S. 137.

156 Ebd., S. 140.

157 Ebd., S. 147.

158 Ebd., S. 160.

159 Ebd., S. 161.

160 *Allemann* bezieht sich dabei auf *Nietzsches* Sätze: »Stil der mittheilt: und Stil, der nur Zeichen ist, *in memoriam,* ›zum Gedächtnis‹. Der todte Stil eine Maskerade; bei Anderen der lebendige Stil. Die Entpersönlichung.« (Siehe: *Nietzsche, Friedrich, Werke,* 13. Bd., Leipzig, 1923.) *Allemann* zitiert dies aus dem Zusammenhang und sagt nichts davon, daß der »lebendige Stil« ebenso »Maskerade« sein kann. Dies als Beispiel für die Arbeitsweise *Allemanns.*

161 *Allemann,* S. 171.

162 *Žmegač, Viktor,* Konvention, Modernismus und Parodie. Bemerkungen zum Erzählstil Thomas Manns, in: Thomas Mann und die Tradition, S. 1–13. (Erstdruck in: Betrachtungen und

Überblicke. Zum Werk Thomas Manns, Hrsg. *Georg Wenzel*, Berlin und Weimar 1966, S. 107–119, 642–643.).

[163] Ebd., S. 12.

[164] *Baumgart, Reinhard*, Das Ironische und die Ironie in den Werken Thomas Manns, Literatur als Kunst, 2. Aufl., München 1966, S. 81.

[165] *Hamburger, Käte*, Der Humor bei Thomas Mann. Zum Josephsroman, München 1965.

[166] Ebd., S. 13 f.

[167] Vgl. ebd., Einleitung, S. 11–52.

[168] Ebd., S. 224.

[169] *Eifler, Margret*, Thomas Mann. Das Groteske in den Parodien »Joseph und seine Brüder«, »Das Gesetz«, »Der Erwählte«, Abhandlungen zur Kunst-, Musik- und Literaturwissenschaft, 102. Bd., Bonn 1970.

[170] *Diederich, Rainer*, Strukturen des Schelmischen im modernen deutschen Roman. Eine Untersuchung an den Romanen von Thomas Mann »Bekenntnisse des Hochstaplers Felix Krull« und Günter Grass »Die Blechtrommel«. Düsseldorf–Köln 1971.

[171] *Sera, Manfred*, Utopie und Parodie bei Musil, Broch und Thomas Mann. Der Mann ohne Eigenschaften. Die Schlafwandler. Der Zauberberg, Bonner Arbeiten zur deutschen Literatur, 19. Bd., Bonn 1969.

[172] Siehe: *Mann*, GW, 11. Bd., S. 394.

[173] *Sera*, S. 192.

[174] *Lehnert, Herbert*, Thomas Mann. Mythos – Fiktion – Religion, Sprache und Literatur, Nr. 27, 2., veränderte Aufl., 1968.

[175] *Dierks, Manfred*, Studien zu Mythos und Psychologie bei Thomas Mann. An seinem Nachlaß orientierte Untersuchungen zum »Tod in Venedig«, zum »Zauberberg« und zur »Joseph«-Tetralogie, Thomas-Mann-Studien, 2. Bd., Bern u. München 1972.

[176] *Anton, Herbert*, Die Romankunst Thomas Manns. Begriffe und hermeneutische Strukturen, Paderborn 1972.

[177] Sosehr man im einzelnen verschiedener Meinung mit *Lehnerts* Interpretationen des *Mannschen* Werkes und seiner Sicht der Sekundärliteratur sein kann, so läßt sich nicht leugnen, daß er heute der vielseitigste und dynamischste unter den Thomas-Mann-Kritikern ist.

[178] *Lehnert*, Thomas Mann, S. 9.

[179] *Lehnert* benützt den Ausdruck »Metaphysik« nicht im philosophie-geschichtlichen Sinn, sondern etwa im Sinn von »Bewußtseinsprozeß«. Dennoch ist dies keine glückliche Begriffswahl.

180 Siehe: *Lehnert, Thomas Mann*, S. 140–219.

181 Siehe: Ebd., S. 16.

182 Die Liste der hierzu relevanten Werke ist zu lang, um hier genannt zu werden. Die Problematik wird in knapper Form behandelt in *Eliade, Mircea*, The Quest. History and Meaning in Religion, Chicago u. London 1969; sowie *Leszek Kolakowski's* theoretischer Analyse: Die Gegenwärtigkeit des Mythos, 2., überarb. Aufl., München 1974.

183 *Slochower, Harry*, Threat and Promise in Germanic Insulation, in: Mythopoesis. Mythic Patterns in Literary Classics, Detroit 1970, S. 312–326.

184 Ebd, S. 312.

185 Ebd., S. 313.

186 *Mann*, GW, 2. Bd., S. 658.

187 Siehe *Richard Wagner und der ›Ring des Nibelungen‹*, in: *Mann*, GW, 9. Bd. 502–527; Ebd., S. 526.

188 *Koopmann, Helmut*, Die Entwicklung des ›Intellektualen Romans‹ bei Thomas Mann. Untersuchungen zur Struktur von ›Buddenbrooks‹, ›Königliche Hoheit‹ und ›Der Zauberberg‹, Bonner Arbeiten zur deutschen Literatur, 5. Bd., 2. verb. u. erw. Aufl., Bonn 1971, S. 155–168.

189 *Thayer, Terence*, Hans Castorp's Hermetic Adventures, in: Germanic Review, 46. Jg., 1971, S. 297–311.

190 Siehe: *Hollweck*, S. 212–216.

191 Siehe: *Blumenberg, Hans*, Wirklichkeitsbegriff und Wirkungspotential des Mythos, in: Terror und Spiel. Probleme der Mythenrezeption, Poetik und Hermeneutik IV, Hrsg. *Manfred Fuhrmann*, München 1971, S. 11–66.

192 Siehe *Dierks*, Kap. II. *Dierks* behandelt *Dacqué, Edgar*, Urwelt, Sage und Menschheit, München 1924; *Mereschkowski, Dimitri*, Tolstoi und Dostojewski, Leipzig 1903; *ders.*, Geheimnisse des Ostens, Berlin 1924; *Jeremias, Alfred*, Das Alte Testament im Lichte des alten Orients, 3., neu bearb. Aufl., Leipzig 1926.

193 *Anton*, 27–39; 40–53; 54–67.

194 Ebd., S. 10.

195 Ebd.

196 Zur Realitätsanalyse und Bewußtseinsproblematik siehe: *Voegelin, Eric*, Zur Theorie des Bewußtseins, in: Anamnesis. Zur Theorie der Geschichte und Politik, München 1966, S. 37–60. Ebenso *Voegelins* Darstellung von Erinnerungsversuchen, die mit »Erfahrungen von der Transzendenz in Raum, Zeit, Materie, Geschichte, Wunschräumen und Wunschzeiten zu tun haben«. (Siehe: Ebd., S. 62; 63–76.)

197 *Weigand, Hermann J.*, Thomas Mann's Novel ›Der Zauberberg‹. A Study, New York u. London 1933.

198 *Weigand*, S. 4.

199 *Scharfschwerdt, Jürgen*, Thomas Mann und der deutsche Bildungsroman. Eine Untersuchung zu den Problemen einer literarischen Tradition, Studien zur Poetik und Geschichte der Literatur, 5. Bd., München 1967.

200 *Koopmann* versteht unter »intellektualem Roman« ein Werk, das den Leser gewissermaßen zum Mitdenken zwingt, um den »Verweisungszusammenhang« zu verstehen, der durch die musikalische Struktur von *Manns* Romanen hergestellt wird. (Siehe: *Koopmann*, S. 3 ff.)

201 Unter »structural organization« versteht *Weigand* die sich in den verschiedenen Zeitaspekten des *Zauberberg* ausdrückende Realitätsanalyse.

202 *Bulhof, Francis*, Transpersonalismus und Synchronizität. Wiederholung als Strukturelement in Thomas Manns »Zauberberg«, Groningen 1966.

203 Ebd., S. 7–28; Die Theorie des Leitmotivs. *Bulhof* gibt hier die bisher gründlichste Darstellung der Leitmotivik in *Manns* Werk, sowie der Sekundärliteratur hierzu.

204 *Thieberger, Richard*, Der Begriff der Zeit bei Thomas Mann. Vom Zauberberg zum Joseph, Baden-Baden 1952.

205 *Karthaus, Ulrich*, ›Der Zauberberg‹ – Ein Zeitroman. Zeit, Geschichte, Mythos, in: DVjs., 44. Jg., 1970, S. 269–305. *Karthaus* beschränkt sich aber nicht auf die Kritik der »Zeit-Literatur« über *Thomas Mann*, sondern bietet eine sehr eingehende Interpretation des *Zauberberg*.

206 *Bergsten, Gunilla*, Thomas Manns Doktor Faustus. Untersuchungen zu den Quellen und zur Struktur des Romans, Studia Litterarum Upsaliensa, 3. Bd., Lund 1963.

207 Ebd., S. 68–79.

208 Ebd., S. 99 ff.

209 *Thomas Manns* Leseweise der Schriften *Nietzsches* unterschied sich so weitgehend von der professioneller Kritiker und Philosophen, daß nur ein Bruchteil seiner Nietzsche-Lektüre sich in ganzsätzigen Zitaten äußert. Nur diese stellt *Bergstens* Arbeit heraus. Zu *Manns* Leseweise während der Arbeit an *Doktor Faustus* siehe: Die Entstehung des Doktor Faustus. Roman eines Romans, in: GW, 2. Bd., S. 145–361; besonders S. 165 f.; 212 f.

210 *Berger, Willy*, Die mythologischen Motive in Thomas Manns Roman »Joseph und seine Brüder«, Literatur und Leben, N. F., 14. Bd., Köln u. Wien 1971.

211 Siehe: *Lukács*, Auf der Suche nach dem Bürger, in: Faust und Faustus, S. 234 ff.

212 *Mayer, Hans*, Der Repräsentant und der Märtyrer. Konstellationen der Literatur, Frankfurt a. M. 1971, S. 12 f.

213 Drei der acht Bände in: *Mann*, Das essayistische Werk, sind betitelt: Politische Schriften.

214 *Diersen, Inge*, Untersuchungen zu Thomas Mann. Die Bedeutung der Künstlerdarstellung für die Entwicklung des Realismus in seinem erzählerischen Werk, 4. Aufl., Berlin 1960, S. 47.

215 Ebd., S. 161.

216 *Lukács, Georg*, Wider den mißverstandenen Realismus, Hamburg 1958.

217 *Jaeggi, Urs*, Literatur und Politik. Ein Essay, Frankfurt a. M. 1972, S. 51.

218 *Mann*, GW, 4. Bd., S. 39.

219 *Mann*, GW, 12. Bd., S. 345.

220 Siehe Anm. 35.

221 *Sontheimer, Kurt*, Literatur und Politik, in: Die Neue Rundschau, 83. Jg., 1972, S. 403 f.

222 Am ehesten sehen noch marxistische Kritiker politische Realitätsanalyse in der Literatur, so z. B. *Lucien Goldmanns* Introduction à une étude structurale des romans de Malraux, in: Pour une sociologie du roman, collection idées, Nr. 93, Gallimard, Paris 1964, S. 61–277. Bei »liberalen« Kritikern wie *Trilling, Lionel*, The Liberal Imagination. Essays on Literature and Society, New York 1950, ist die Realität durch ›moralische‹ Begriffsbildung verschleiert.

223 Siehe dazu die Untersuchungen *Jaeger, Werner*, Paideia, 2. Aufl., 1. Bd., New York 1945, Anm. Kap. II; sowie *Voegelin, Eric*, Order and History, 2. Bd., Baton Rouge, La. 1957, S. 67–110; S. 171.

224 Siehe Anm. 62.

225 *Sontheimer*, Thomas Mann, S. 7.

226 Der Essay befindet sich in den *Gesammelten Werken* (1968). Jetzt wieder nachgedruckt in *Mann*, Das essayistische Werk; Politische Schriften und Reden, 2. Bd., S. 7–20.

227 Siehe dazu: *Sontheimer*, Antidemokratisches Denken, S. 115 bis 139.

228 *Sontheimer*, Thomas Mann, S. 7.

229 Ebd.

230 Ebd., S. 8.

231 Siehe: *Balthasar, Hans Urs von*, Apokalypse der deutschen Seele. Studien zu einer Lehre von den letzten Haltungen, Salz-

burg 1937–1939; ebenso: *Gebhardt* (Hrsg.), Die Revolution des Geistes.

[232] *Mann,* Meine Zeit, in: GW, 11. Bd., S. Zitat: S. 314.

[233] *Sontheimer,* Thomas Mann, S. 61.

[234] *Mann,* Von deutscher Republik. Vorwort, in: GW.

[235] *Mayer, Hans,* Zur politischen Entwicklung eines Unpolitischen, in: Der Repräsentant und der Märtyrer. Konstellationen der Literatur. Frankfurt a. M. 1971, S. 69.

[236] Ebd.

[237] Ebd., S. 71.

[238] Ebd., S. 75.

[239] Ebd.

[240] Ebd., S. 84.

[241] *Rychner, Max,* Thomas Mann und die Politik, in: Neue Schweizer Rundschau, N. F., 15. Jg., 1947, S. 451–477.

[242] *Mayer,* S. 84.

[243] *Hellmann, Winfried,* Das Geschichtsdenken des frühen Thomas Mann (1906–1918), Studien zur deutschen Literatur, 31. Bd., Tübingen 1972.

[244] Ebd., S. 26–30.

[245] Ebd., S. 19.

[246] Ebd.

[247] *Leisegang, Hans,* Denkformen, 2., neubearb. Aufl., Berlin 1951.

[248] *Eric Voegelin* hat diesen Symboltyp in einem Aufsatz gleichen Titels ausführlich beschrieben; in: *ders.,* Anamnesis, S. 79–116; vgl. auch: Ewiges Sein in der Zeit, in: ebd., S. 254–280; Israel and Revelation, Baton Rouge, La. 1956.

[249] In dem genannten Aufsatz weist *Voegelin* nach, daß »sich in den Symbolismen des Alten Orients so verschiedenartige Zeiten wie die rhythmische und die lineare und noch einige andere finden, niemals aber eine Idee von zyklischer Zeit«. (*Voegelin,* Anamnesis, S. 84). Dies gilt auch für *Thomas Mann,* selbst wenn man annähme, daß *Nietzsches* »Kreislauf«gedanke eine Rolle gespielt haben könnte, da *Nietzsches* Spekulation einen ganz anderen Erfahrungsursprung hat als die sogenannten »zyklischen« Geschichtsbilder der Antike.

[250] *Keller, Ernst,* Der unpolitische Deutsche. Eine Studie zu den »Betrachtungen« von Thomas Mann, Bern u. München 1965.

[251] Siehe Anm. 135.

[252] *Heller,* The Uses of Literary Scholarship, S. 1106.

[253] So schreibt *Jürgen Gebhardt:* »Erst unter den Voraussetzungen der Auflösung der alten Strukturen von Staat und Gesellschaft konnte die ›Revolution des Geistes‹ im totalitären Experiment ihren wahren Charakter historisch belegen. Im Gespür für diesen

Charakter jedoch unterscheidet sich die *deutsche* Literatur nicht
unwesentlich von der *deutschen* Bildung und der *deutschen*
Philosophie. Wohl leben auch ihre Repräsentanten von den irrationalen Quellen des schwärmerischen Untergrundes, aber von
Goethe und Jean Paul über Heinrich Heine bis Thomas Mann
hat sie den ›Konflikt zwischen der deutschen Ideologie und dem
mittelmeerischen Geist‹ (Camus) durchlebt und exemplarisch die
Rückkehr vollzogen in die Wirklichkeit von Gott, Welt, Gesellschaft und Geschichte, in der allein der Mensch erst menschlich, d. h. vernunftgemäß mit anderen Menschen zu leben vermag.« (Siehe: *Gebhardt*, Die Revolution des Geistes, S. 16.)

254 Siehe besonders das Kapitel »Politik« in den *Betrachtungen*.
Mann, GW, 12. Bd., S. 222–374.

255 *Banuls, André*, Thomas Mann und sein Bruder Heinrich. ›Eine
repräsentative Gegensätzlichkeit‹, Sprache und Literatur, Stuttgart 1968.

256 *Sontheimer*, Thomas Mann, S. 43 f.

257 *Spelsberg, Helmut*, Thomas Manns Durchbruch zum Politischen
in seinem kleinepischen Werk. Untersuchungen zur Entwicklung
von Gehalt und Form in ›Gladius Dei‹, ›Beim Propheten‹,
›Mario und der Zauberer‹ und ›Das Gesetz‹, Marburger Beiträge
zur Germanistik, 41. Bd., Marburg 1972.

258 *Mörchen, Helmut*, Schriftsteller und Massengesellschaft. Zur po-
litischen Essayistik und Publizistik Heinrich und Thomas Manns,
Kurt Tucholskys und Ernst Jüngers während der zwanziger
Jahre, Stuttgart 1973.

259 *Maître, Hans Joachim*, Thomas Mann. Aspekte der Kulturkritik
in seiner Essayistik, Studien zur Germanistik, Anglistik und
Komparistik, 3. Bd., Bonn 1970.

260 *Mommsen, Katharina*, Gesellschaftskritik bei Fontane und Thomas Mann, Literatur und Geschichte, 10. Bd., Heidelberg 1973.

261 *Maître*, S. 81: »Seine Auffassung von der ›Politik‹ blieb iden-
tisch, d. h. ausgerichtet auf einen idealen politischen Zustand,
den er mit dem Wort ›Humanität‹ zu bezeichnen pflegte.« Zur
Kritik von *Maîtres* Analyse des *Mannschen* Geschichtsbildes
siehe auch: *Hellmann*, S. 3, Anm. 6.

Paul Thomas Mann wurde am 6. Juni 1875 in Lübeck geboren als zweiter Sohn des späteren Senators *Thomas Johann Heinrich Mann* und seiner Frau *Julia,* geborene *da Silva-Bruhns.* Er besuchte zuerst eine Privatschule, danach das Lübecker Katherineum.

1894 ging er von der Schule als ›Einjähriger‹ ab und zog nach München, wo er anfangs als Volontär bei einer Feuerversicherungsgesellschaft arbeitete. Im selben Jahr schrieb er seine Novelle *Gefallen,* die noch im Herbst veröffentlicht wurde.

1895–1896 Mitwirkung an der Zeitschrift *Das Zwanzigste Jahrhundert,* herausgegeben von *Heinrich Mann.*

1896–1898 Aufenthalt in Italien zusammen mit *Heinrich Mann,* u. a. Arbeit an *Buddenbrooks.*

1898 Erscheinen des ersten Novellenbandes *Der kleine Herr Friedemann.*

1898–1900 Lektor bei der Zeitschrift *Simplicissimus.*

Erfolge mit *Buddenbrooks* 1901 und *Tonio Kröger* 1903 öffneten *Mann* den Weg in Münchner Salons. Er lernte dort *Katja Pringsheim* kennen, die er 1905 heiratete. Beachtliche literarische Produktion, die 1909 mit dem Roman *Königliche Hoheit* und 1912 der Erzählung *Der Tod in Venedig* zwei Höhepunkte fand.

Der ›Donnerschlag‹ des Ersten Weltkriegs unterbrach seine erzählerischen Arbeiten; *Mann* verbrachte die folgenden vier Jahre in der Auseinandersetzung mit den geistigen Hintergründen des Krieges.

1918, kurz vor Kriegsende, Veröffentlichung der *Betrachtungen eines Unpolitischen.* Popularität *Manns* unter den Konservativen, die 1922 durch seine Rede *Von deutscher Republik* abrupt endete.

1924 erschien der *Zauberberg; Mann* wurde von da an zum internationalen Repräsentanten Deutschlands.

1929 erhielt er den Nobelpreis, offiziel für *Buddenbrooks.* Während dieser Zeit trat *Mann* mehr und mehr als Warner vor dem aufkommenden Nationalsozialismus hervor.

Wenige Tage nach *Hitlers* Machtübernahme reiste Mann zu Vorträgen nach Holland ab; auf Anraten seiner Kinder und Freunde kehrte er nicht nach Deutschland zurück, sondern ging zuerst an die französische Riviera und zog im Herbst 1933 in die Schweiz. Zweifel an seiner Gegnerschaft zum Dritten Reich wurden während der folgenden drei Jahre laut, als die beiden ersten Teile der *Joseph*-Tetralogie noch in Deutschland erschienen.

1936 Aberkennung der deutschen Staatsbürgerschaft und der Ehrendoktorwürde der Universität Bonn.

1938 verließen die *Manns* Europa und lebten zuerst in Princeton, USA, und ab 1941 bei Los Angeles, Kalifornien. »In den Arbeiten, die ich mit mir führe, ist meine Heimat ... Wo ich bin, ist Deutschland.« Zahllose Vortragsreisen durch die USA, um zum Kampf gegen Nationalsozialismus und Faschismus aufzurufen.

1943 beendete *Mann* die *Joseph*-Tetralogie und begann sogleich die Arbeit an *Doktor Faustus*.

Nach Kriegsende lehnte er die u. a. von *Walter von Molo* ausgesprochenen Ersuchen um Rückkehr nach Deutschland ab.

Beendete 1947 den *Doktor Faustus* und entschloß sich, dessen Entstehung niederzuschreiben. Verschärfte Angriffe auf ihn in den USA wegen seiner toleranten Haltung gegenüber dem Kommunismus.

1947 und 1949 Reisen nach Europa, das zweitemal auch nach Deutschland, wo er im Goethejahr sowohl bei der Feier in Frankfurt als auch bei der in Weimar sprach. Kontroversen wegen seiner Reise in die DDR.

1952 verließ *Mann* die USA, »ich will zugeben, daß ähnlich wie im Jahre 1933, das Politische nicht unbeteiligt war an diesem Entschluß«.

Seine letzten Jahre verbrachte *Mann* zuerst in Erlenbach bei Zürich, dann ab 1954 in Zürich-Kilchberg. Rege schriftstellerische Produktion, u. a. *Die Betrogene* 1953 und *Bekenntnisse des Hochstaplers Felix Krull* 1954.

Manns letztes Jahr brachte mehrere Höhepunkte mit den Schillerreden in Stuttgart und Weimar und Feiern zu seinem 80. Geburtstag. Am 12. August 1955 starb *Thomas Mann* in Zürich.

Bibliographie

1. Werke Thomas Manns

1.1. Gesamtausgaben

Gesammelte Werke (in Einzelausgaben), Berlin 1922–1925 und Wien 1936–1937.

Gesammelte Werke in zehn Bänden, Berlin 1925.

Die erzählenden Schriften. Gesammelt in 3 Bänden, Berlin 1928.

Stockholmer Gesamtausgabe der Werke Thomas Manns, Stockholm 1938, Amsterdam 1948, Wien 1949, Frankfurt 1950 ff.

Gesammelte Werke in zwölf Bänden, Berlin 1955.

Gesammelte Werke in zwölf Bänden, Frankfurt 1960 [abgekürzt GW].

Thomas Mann Werke. Taschenbuchausgabe in zwölf Bänden, Moderne Klassiker 101–112, Fischer Bücherei, Frankfurt und Hamburg 1967.

Das essayistische Werk. Taschenbuchausgabe in acht Bänden, Hrsg. *Hans Bürgin,* Moderne Klassiker 113–120, Fischer Bücherei, Frankfurt und Hamburg 1968.

1.2. Erstausgaben der erzählerischen Werke in Buchform

Der kleine Herr Friedemann. Novellen, Berlin 1898.

Buddenbrooks. Verfall einer Familie, 2 Bde., Berlin 1901.

Tristan. Sechs Novellen. Berlin 1903.

Fiorenza. Berlin 1906.

Der kleine Herr Friedemann und andere Novellen. Berlin 1909.

Königliche Hoheit, Berlin 1909.

Der Tod in Venedig, München 1912.

Das Wunderkind. Novellen, Berlin 1914.

Herr und Hund. Gesang vom Kindchen. Zwei Idyllen. Berlin 1919.

Wälsungenblut. München 1921 (Privatdruck).

Bekenntnisse des Hochstaplers Felix Krull. Buch der Kindheit, Wien, Leipzig, München 1922.

Der Zauberberg, 2 Bde., Berlin 1924.

Unordnung und frühes Leid. Novelle, München 1926 (Privatdruck).

Mario und der Zauberer. Ein tragisches Reiseerlebnis, Berlin 1930.

Die Geschichten Jaakobs. (Joseph und seine Brüder. Der erste Roman), Berlin 1933.

Der junge Joseph. (Joseph und seine Brüder. Der zweite Roman), Berlin 1934.

Joseph in Ägypten. (Joseph und seine Brüder. Der dritte Roman), Wien 1936.

Lotte in Weimar, Stockholm 1939.

Die vertauschten Köpfe. Eine indische Legende. Stockholm 1940.

Joseph der Ernährer. (Joseph und seine Brüder. Der vierte Roman), Stockholm 1943.

Das Gesetz. Erzählung. Stockholm 1944.

Doktor Faustus. Das Leben des deutschen Tonsetzers Adrian Leverkühn, erzählt von seinem Freunde, Stockholm 1947.

Der Erwählte, Frankfurt a. M. 1951.

Die Betrogene. Erzählung, Frankfurt a. M. 1953.

Bekenntnisse des Hochstaplers Felix Krull. Der Memoiren erster Teil, Frankfurt a. M. 1954.

1.3. Erstausgaben der kritischen Schriften in Sammelbänden

Betrachtungen eines Unpolitischen, Berlin 1918.

Rede und Antwort, Berlin 1922.

Bemühungen. Neue Folge der gesammelten Abhandlungen und kleinen Aufsätze, Berlin 1925.

Die Forderung des Tages. Reden und Aufsätze aus den Jahren 1925–1929, Berlin 1930.

Leiden und Größe der Meister. Neue Aufsätze, Berlin 1935.

Achtung Europa! Aufsätze zur Zeit, Stockholm 1938.

Deutsche Hörer! 25 Radiosendungen nach Deutschland, Stockholm 1942.

Deutsche Hörer! Fünfundfünfzig [56!] Radiosendungen nach Deutschland, Stockholm 1945.

Adel des Geistes, Sechzehn Versuche zum Problem der Humanität, Stockholm 1945.

Neue Studien, Stockholm 1948.

Altes und Neues. Kleine Prosa aus fünf Jahrzehnten, Frankfurt a. M. 1953.

Nachlese. Prosa 1951–1955, Frankfurt a. M. 1956.

1.4. Briefe

Mann, Thomas, Briefe 1889–1936, Hrsg. *Erika Mann*, Frankfurt a. M. 1961.

Briefe 1937–1947, Hrsg. *Erika Mann*, Frankfurt a. M. 1963.

Briefe 1948–1955 und Nachlese, Hrsg. *Erika Mann*, Frankfurt a. M. 1965.

Briefe an Paul Amann 1915–1952, Hrsg. *Herbert Wegener*, Veröffentlichungen der Stadtbibliothek Lübeck, 3. Bd., Lübeck 1959.

Briefe an Ernst Bertram. Briefe aus den Jahren 1910–1955, Hrsg. *Inge Jens*, Pfullingen 1960.

Mann, *Thomas – Kerényi, Karl*, Gespräch in Briefen, Hrsg. *Karl Kerényi*, Zürich 1960.

Mann, *Thomas – Faesi, Robert*, Briefwechsel, Hrsg. *Robert Faesi*, Zürich 1962.

Hesse, *Hermann – Mann, Thomas*, Briefwechsel, Hrsg. *Anni Carlsson*, Frankfurt a. M. 1968.

Mann, *Heinrich – Mann, Thomas*, Briefwechsel 1900–1949, Hrsg. *Hans Wysling*, Frankfurt a. M. 1969.

Mann, *Thomas*, Briefwechsel mit seinem Verleger Gottfried Bermann Fischer 1932–1955, Hrsg. *Peter de Mendelssohn*, Frankfurt a. M. 1973.

2. Bibliographien, Forschungsberichte, Quellenstudien

2.1. Bibliographien

Bürgin, *Hans*, Das Werk Thomas Manns. Eine Bibliographie unter Mitarbeit von *Walter A. Reichart* und *Erich Neumann*, Frankfurt a. M. 1959.

Jonas, *Klaus W.*, Fifty Years of Thomas Mann Studies. A Bibliography of Criticism, Minneapolis 1959.

Jonas, *Klaus W.* und *Jonas, Ilsedore B.*, Thomas Mann Studies Volume II. A Bibliography of Criticism, University of Pennsylvania Studies in Germanic Languages and Literatures, Philadelphia 1967.

Jonas, *Klaus*, Die Thomas-Mann-Literatur, Bd. I: Bibliographie der Kritik 1896–1955, Berlin 1972.

Matter, *Harry*, Die Literatur über Thomas Mann. Eine Bibliographie 1898–1969, 2 Bde., Berlin und Weimar 1972.

2.2. Forschungsberichte

Morris, *Marriot C.*, A History of Thomas Mann Criticism in Germany 1900–1930, Diss. University of Wisconsin 1939.

Ramras, Herman, Main Currents in American Criticism of Thomas Mann, Diss., University of Wisconsin, 1950.

Martini, Fritz, Deutsche Literatur zwischen 1880–1950. Ein Forschungsbericht, in: DVjs., 26. Jg., 1952, S. 478–535.

Blume, Bernhard, Perspektiven des Widerspruchs. Zur Kritik an Thomas Mann, in: Germanic Review, 36. Jg., 1956, S. 170–190.

Lehnert, Herbert, Thomas-Mann-Forschung. Ein Bericht. Stuttgart 1969.

Schröter, Klaus, Nachwort, in: Thomas Mann im Urteil seiner Zeit. Dokumente 1891 bis 1955, Hamburg 1969, S. 451–476.

Porter, Robert Godfrey, The Preparation of Biographical and Thematic Data for a Computerized Index to the Non-Fiction of Thomas Mann, Diss., Rice University, Houston 1968.

The Preparation of a Computerized Index to the Non-Fiction of Thomas Mann, in: Rice University Studies, 55. Bd., Houston 1969.

2.3. Quellenstudien

Scherrer, Paul u. *Wysling, Hans,* Quellenkritische Studien zum Werk Thomas Manns, Thomas-Mann-Studien, 1. Bd., Bern u. München 1967.

Wysling, Hans, Dokumente und Untersuchungen, Thomas-Mann-Studien, 3. Bd., Bern u. München 1974.

3. Dokumentationen

Bürgin, Hans u. *Mayer, Hans Otto,* Thomas Mann. Eine Chronik seines Lebens. Frankfurt a. M. 1965.

Schröter, Klaus, Thomas Mann in Selbstzeugnissen und Bilddokumenten, rowohlts monographien 93, Reinbek b. Hamburg 1964.

Thomas Mann im Urteil seiner Zeit. Dokumente 1891 bis 1955, Hamburg 1969.

Wysling, Hans (Hrsg.), Dichter über ihre Dichtungen. Thomas Mann. Teil I: 1889–1917, München u. Frankfurt a. M. 1975.

Thomas Mann 1875/1975, München 1975.

4. Sekundärliteratur

In der Bibliographie der Sekundärliteratur werden jene Verfasser nicht berücksichtigt, deren Kritiken *Thomas Manns* und seines Werkes in *Klaus Schröters* Dokumentation *Thomas Mann im Urteil seiner Zeit* zu finden sind. Stellenangaben dazu in den Anmerkungen zu Teil II.

4.1. Literaturgeschichten

Hamburger, Käte, Thomas Mann, in: Handbuch der deutschen Gegenwartsliteratur, Hrsg. *H. Kunisch,* München 1965, S. 415–421.

Jens, Walter, Der Gott der Diebe und sein Dichter. Thomas Mann und die Welt der Antike, in: Statt einer Literaturgeschichte, 4. Aufl., Pfullingen 1960.

Koopmann, Helmut, Thomas Mann, in: Deutsche Dichter der Moderne. Ihr Leben und Werk, Hrsg. *Benno von Wiese,* 2. Aufl., Berlin 1969, S. 70–93.

Muschg, Walter, Thomas Mann, in: Tragische Literaturgeschichte, 3., überarb. Aufl., Bern 1957, S. 402–404.

Naumann, Hans, Die deutsche Dichtung der Gegenwart, 4., erw. Aufl., Stuttgart 1930, S. 183–195, 227–229.

Soergel, Albert, Heinrich und Thomas Mann, in: Dichtung und Dichter der Zeit. Eine Schilderung der Deutschen Literatur der letzten Jahrzehnte, Leipzig 1911, S. 797–808.

4.2. Gesamtdarstellungen und Sammelbände

Berendsohn, Walter A., Thomas Mann. Künstler und Kämpfer in bewegter Zeit, Lübeck 1965.

Eloesser, Arthur, Thomas Mann. Sein Leben und sein Werk, Berlin 1925.

Hatfield, Henry, Thomas Mann, Norfolk, Conn. 1962, 2. Aufl. 1963.

Heller, Erich, The Ironic German. A Study of Thomas Mann, London 1958.
Thomas Mann. Der ironische Deutsche, Frankfurt a. M. 1959.

Lion, Ferdinand, Thomas Mann. Leben und Werk, Zürich 1947, 2., erw. Aufl. 1955.

Karst, Roman, Thomas Mann oder der deutsche Zwiespalt. Wien 1970.

Hollingdale, R. J., Thomas Mann. A Critical Study, Lewisburg, Pa. 1971.

Neider, Charles (Hrsg.), The Stature of Thomas Mann, New York 1948.

Pütz, Peter (Hrsg.), Thomas Mann und die Tradition, Frankfurt a. M. 1971.

Reed, T. J., Thomas Mann. The Uses of Tradition. Oxford 1974.

Stresau, Hermann, Thomas Mann und sein Werk, Frankfurt a. M. 1963.

Wenzel, Georg (Hrsg.), Vollendung und Größe Thomas Manns. Beiträge zu Werk und Persönlichkeit des Dichters, Halle 1962.

4.3. Untersuchungen zu Sprache und Stil

Arens, Hans, Analyse eines Satzes von Thomas Mann, Beihefte Wirkendes Wort, H. 10, Düsseldorf 1964.

Dittmann, Ulrich, Sprachbewußtsein und Redeformen im Werk Thomas Manns. Untersuchungen zum Verhältnis des Schriftstellers zur Sprachkrise, Studien zur Poetik und Geschichte der Literatur, Bd. 10, Stuttgart 1969.

Hoffmeister, Werner, Studien zur erlebten Rede bei Thomas Mann und Robert Musil, Den Haag 1965.

Riesenfeld, Paul, Schreibt Thomas Mann gutes Deutsch?, in: Muttersprache, 65. Jg. 1955, S. 212–219.

Seidlin, Oskar, Stiluntersuchung an einem Thomas-Mann-Satz, in: Von Goethe zu Thomas Mann. Zwölf Versuche, Kleine Vandenhoeck Reihe Nr. 170 S, Göttingen 1963, S. 148–161.

Weiß, Walter, Thomas Manns Kunst der sprachlichen und thematischen Integration, Beihefte Wirkendes Wort, H. 13, Düsseldorf 1964.

4.4. Untersuchungen zur Ästhetik und Romantheorie

Anton, Herbert, Die Romankunst Thomas Manns. Begriffe und hermeneutische Strukturen, UTB Taschenbuch, Nr. 153, Paderborn 1973.

Geiser, Christoph, Naturalismus und Symbolismus im Frühwerk Thomas Manns, Bern 1971.

Heller, Erich, The Uses of Literary Scholarship. Reflections on a New Study of Thomas Mann, in: TLS, London, 11. 10. 1974.

Nündel, Ernst, Die Kunsttheorie Thomas Manns, Abhandlungen zur Kunst-, Musik- und Literaturwissenschaft, Bd. 122, Bonn 1972.

Pütz, Peter, Kunst und Künstlerexistenz bei Nietzsche und Thomas Mann. Zum Problem des ästhetischen Perspektivismus in der Moderne, Bonner Arbeiten zur deutschen Literatur, Bd. 6, Bonn 1963.

Reiss, Gunter, »Allegorisierung« und moderne Erzählkunst. Eine Studie zum Werk Thomas Manns, München 1974.

Rothenberg, Klaus-Jürgen, Das Problem des Realismus bei Thomas Mann. Zur Behandlung der Wirklichkeit in »Buddenbrooks«, Literatur und Leben, N. F., 11. Bd,. Köln u. Wien 1969.

Scharfschwerdt, Jürgen, Thomas Mann und der deutsche Bildungsroman. Eine Untersuchung zu den Problemen einer literarischen Tradition, Studien zur Poetik und Geschichte der Literatur, Bd. 5, München 1967.

4.5. Untersuchungen zur Ironie und zum Grotesken

Allemann, Beda, Thomas Mann, in: Ironie und Dichtung, Pfullingen 1956.

Baumgart, Reinhard, Das Ironische und die Ironie in den Werken Thomas Manns, Literatur als Kunst, 1. Aufl., München 1964, 2. Aufl. 1966.

Diederich, Rainer, Strukturen des Schelmischen im modernen deutschen Roman. Eine Untersuchung an den Romanen von Thomas Mann »Bekenntnisse des Hochstaplers Felix Krull« und Günter Grass »Die Blechtrommel«, Düsseldorf-Köln 1971.

Hamburger, Käte, Der Humor bei Thomas Mann. Zum Josephsroman, München 1965.

Eifler, Margret, Thomas Mann. Das Groteske in den Parodien »Joseph und seine Brüder«, »Das Gesetz«, »Der Erwählte«, Abhandlungen zur Kunst-, Musik- und Literaturwissenschaft, Bd. 102, Bonn 1970.

Sera, Manfred, Utopie und Parodie bei Musil, Broch und Thomas Mann. Der Mann ohne Eigenschaften, Die Schlafwandler, Der Zauberberg, Bonner Arbeiten zur deutschen Literatur. Bd. 19, Bonn 1969.

Žmegač, Victor, Konvention, Modernismus und Parodie. Bemerkungen zum Erzählstil Thomas Manns, in: Betrachtungen und Überblicke. Zum Werk Thomas Manns, Hrsg. Georg Wenzel, Berlin und Weimar 1966, S. 107–119, 642—643.

Dass., in: Thomas Mann und die Tradition, Hrsg. Peter Pütz, Frankfurt a. M. 1971, S. 1–13.

4.6. Struktur und Mythos

Dierks, Manfred, Studien zu Mythos und Psychologie bei Thomas Mann. An seinem Nachlaß orientierte Untersuchungen zum »Tod in Venedig«, zum »Zauberberg« und zur »Joseph«-Tetralogie. Thomas-Mann-Studien, Bd. 2, Bern 1972.

Lehnert, Herbert, Thomas Mann. Mythos – Fiktion – Religion, Sprache und Literatur, Bd. 27, Stuttgart 1965, 2., veränd. Aufl., 1968.

Koopmann, Helmut, Die Entwicklung des »intellektualen Romans« bei Thomas Mann. Untersuchungen zur Struktur von »Buddenbrooks«, »Königliche Hoheit« und »Der Zauberberg«, Bonner Arbeiten zur deutschen Literatur, Bd. 5, Bonn 1962, 2., verb. u. erw. Aufl., 1971.

Thomas Mann, Themen seines Werkes. Göttingen 1975.

Slochower, Harry, Threat and Promise in Germanic Insulation, in: Mythopoesis. Mythic Patterns in Literary Classics, Detroit 1970, S. 312–326.

4.7. Werkinterpretationen

Berger, Willy, Die mythologischen Motive in Thomas Manns Roman »Joseph und seine Brüder«, Literatur und Leben, N. F., 14. Bd., Köln u. Wien 1971.

Bergsten, Gunilla, Thomas Manns Doktor Faustus. Untersuchungen zu den Quellen und zur Struktur des Romans, Studia Litterarum Upsaliensa, Bd. 3, Lund 1963.

Bulhof, Francis, Transpersonalismus und Synchronizität. Wiederholung als Strukturelement in Thomas Manns »Zauberberg«, Groningen 1966.

Holthusen, Hans Egon, Die Welt ohne Transzendenz. Ein Studie zu Thomas Manns Doktor Faustus und seinen Nebenschriften, 2. Aufl., Hamburg 1954.

Karthaus, Ulrich, »Der Zauberberg« – ein Zeitroman. Zeit, Geschichte, Mythos, in: DVjs., 44. Jg., 1970, S. 269–305.

Pinkerneil, Beate, Ewigkeitssuppe contra schöpferisches Werden. Zum Thema Thomas Mann – Bergson, in: Thomas Mann und die Tradition, Hrsg. *Peter Pütz,* Frankfurt a. M. 1971, S. 250–281.

Thayer, Terence, Hans Castorp's Hermetic Adventures, in: Germanic Review, 46. Jg., 1971, S. 297–311.

Weigand, Hermann J., Thomas Mann's Novel »Der Zauberberg«. A Study, New York 1933.

4.8. Gesellschaftlich orientierte Untersuchungen – Politik und Geschichte

Banuls, André, Thomas Mann und sein Bruder Heinrich. »Eine repräsentative Gegensätzlichkeit«, Sprache und Literatur, Stuttgart 1968.

Diersen, Inge, Untersuchungen zu Thomas Mann. Die Bedeutung der Künstlerdarstellung für die Entwicklung des Realismus in seinem erzählerischen Werk, 1. Aufl., Berlin 1959, 4. Aufl. 1960, 5. Aufl. 1965.

Grosser, J. F. G., Die große Kontroverse. Ein Briefwechsel um Deutschland, Hamburg 1963.

Hellmann, Winfried, Das Geschichtsdenken des frühen Thomas Mann 1906–1918, Studien zur deutschen Literatur, Bd. 31, Tübingen 1972.

Hollweck, Thomas A., The Dream Interrupted. The Crisis of Germany and the First World War in the Work of Thomas Mann, Diss., Atlanta, Ga. 1973.

Keller, Ernst, Der unpolitische Deutsche. Eine Studie zu den »Betrachtungen« von Thomas Mann, Bern 1965.

Lukács, Georg, Thomas Mann, in: Faust und Faustus. Vom Drama der Menschengattung zur Tragödie der modernen Kunst. Ausgewählte Schriften II, rde-Taschenbuch, Nr. 285–287, Reinbek 1967, S. 211–808.

Maître, Hans Joachim, Thomas Mann. Aspekte der Kulturkritik in seiner Essayistik, Studien zur Germanistik, Anglistik und Komparistik, Bd. 3, Bonn 1970.

Mayer, Hans, Thomas Mann. Werk und Entwicklung, Berlin 1950. Zur politischen Entwicklung eines Unpolitischen, in: Der Repräsentant und der Märtyrer, Konstellationen der Literatur, edition suhrkamp, Nr. 463, Frankfurt a. M. 1971, S. 65–93.

Mörchen, Helmut, Schriftsteller und Massengesellschaft. Zur politischen Essayistik und Publizistik Heinrich und Thomas Manns, Kurt Tucholskys und Ernst Jüngers während der zwanziger Jahre. Stuttgart 1973.

Mommsen, Katharina, Gesellschaftskritik bei Fontane und Thomas Mann, Literatur und Geschichte, Bd. 10, Heidelberg 1973.

Rychner, Max, Thomas Mann und die Politik, in: Neue Schweizer Rundschau, N. F., 15. Jg., 1947, S. 451–477. Von der Politik des Unpolitischen, in: Antworten. Aufsätze zur Literatur, Zürich 1961, 243–266.

Sonnemann, Ulrich, Thomas Mann oder Maß und Anspruch, in: Frankfurter Hefte, 3. Jg., 1948, S. 625–640.

Sontheimer, Kurt, Thomas Mann und die Deutschen, München 1961. Antidemokratisches Denken in der Weimarer Republik. Die politischen Ideen des deutschen Nationalismus zwischen 1918 und 1933, München 1962.

Zimmermann, J. Repräsentation und Intimität. Zu einem Werkgegensatz bei Thomas Mann. Zürich 1975.

Personenregister

Über den Autor

Thomas Hollweck, geb. 1942, studierte Germanistik, Komparatistik, Amerikanistik und Politische Wissenschaft in München und seit 1967 an der Emory University, Atlanta, Georgia. Promovierte 1973 zum Ph. D. mit einer Arbeit über Thomas Mann: *The Dream Interrupted. The Crisis of Germany and the First World War in the Work of Thomas Mann.* Lehrtätigkeit als Assistant Professor am Atlanta University Center.

List
Taschenbücher der
Wissenschaft

**Literatur als
Geschichte:
Dokument
und Forschung**
Herausgeber:
Gert Sauter-
meister, Wilfried
F. Schoeller,
Klaus Vondung

Band 1462
Der literarische Vormärz 1830—1847
*Von Wolfgang W. Behrens (Frankfurt), Ger-
hard Bott (München), Hans-Wolf Jäger
(München), Johannes Weber (Tübingen),
Peter Werbick (Tübingen).*

Dieser Auswahlband bietet repräsentative
Texte von politisch progressiven, liberalen
bis radikal-demokratischen Autoren zwischen 1830 und 1847. Im Mittelpunkt der
Textauswahl steht die Wechselwirkung von
gesellschaftlichen Zuständen und literarischen Inhalten und Formen. Dabei wird dokumentiert, wie sich die Klischees der ab-
lehnenden Haltung gewisser Herrschafts-
träger gegenüber dem politischen »Selbst-
bewußtsein« der Literatur vom Vormärz bis
heute erhalten haben.

Paul List Verlag
München

List
Taschenbücher der
Wissenschaft

Literatur als
Geschichte:
Dokument
und Forschung
Herausgeber:
Gert Sauter-
meister, Wilfried
F. Schoeller,
Klaus Vondung

Band 1463
Christoph Stoll
**Sprachgesellschaften im Deutschland des
17. Jahrhunderts**

»Spracharbeit« im Sinne von Erforschung
und Förderung der eigenen Sprache und
Literatur mit dem Ziel, sie innerhalb der
europäischen Literatur zu emanzipieren und
neu zu beleben, war das eigentliche Anlie-
gen der »Sprachgesellschaften« im Deutschland des 17. Jahrhunderts. Der vorliegende
Sammelband vereinigt eine bis heute fehlende systematisch gegliederte Sammlung
charakteristischer Texte und Zeugnisse von
Mitgliedern dieser Vereinigungen, ergänzt
durch einen Forschungsbericht, der die wissenschaftliche Auseinandersetzung mit den
Sprachgesellschaften von Gervinus bis in
die Gegenwart kritisch beleuchtet.

**Paul List Verlag
München**

List
Taschenbücher der
Wissenschaft

Literatur als
Geschichte:
Dokument
und Forschung
Herausgeber:
Gert Sauter-
meister, Wilfried
F. Schoeller,
Klaus Vondung

Band 1465
Klaus Vondung
**Völkisch-nationale und national-
sozialistische Literaturtheorie**
Dieser Band versteht sich als Bestandsauf
nahme: er gibt einen Überblick über di
bisher geleistete Forschung und schließt an
die bislang unternommenen Bemühungen
an, in Dokumentationen die völkisch-nationale und nationalsozialistische Literatur zu
sichten und in wissenschaftlichen Untersuchungen deren Probleme durchzuarbei-
ten.

Ausgewählte Texte dokumentieren die
ästhetischen Theorien nationalsozialistischer Schriftsteller und machen die ideologische und politische Funktion der NS-Lite-
ratur sichtbar. Die Germanistik im Dritten
Reich wird kritisch durchleuchtet, die Forschung nach 1945 ausführlich dargestellt.

Paul List Verlag
München